ゴルフで老いる人、若返る人

エイジング・マネジメントのすすめ

Saito Masashi
齋藤真嗣　メディカルスキャニング溜池山王クリニック院長

サンマーク出版

はじめに

ゴルフほど体に悪いスポーツはない。

医者の立場から多くのゴルファーを見ていると、そう感じずにはいられません。だからといって、私が単なるゴルフ反対論者だとは思わないでください。それどころか、私はアメリカでＮＧＦ（National Golf Foundation＝米国ゴルフ財団）のレッスンを受けたほどのゴルフ愛好家です。

ＮＧＦというのはちょっと聞き慣れないかもしれませんが、アメリカにある三大ゴルフ機関の一つです。ＮＧＦのほかに、世界のメジャートーナメント大会でもある「全米プロゴルフ選手権」を主催するＰＧＡ　ＯＦ　ＡＭＥＲＩＣＡ（米国プロゴルフ協会）と、ＵＳＧＡ（United States Golf Association＝米国ゴルフ協会）があり、ともに全米ゴルフを支える三本柱となっています。

そんな由緒《ゆいしょ》正しいゴルフレッスンを受けたほどですから、私はアマチュアゴルファーのなかでも、無類のゴルフ好きといってよいでしょう。その私が医者の立場から自らの経験に鑑《かんが》み、世間のアマチュアゴルファーの姿を見てみると、**「ゴルフほど体に悪いスポーツはない」**と感じずにはいられないのです。

ＮＧＦのレッスンを受けたことは、私のゴルフ人生において大きな転機となりました。**正直にいって、レッスンを受ける前の私はそうとう体に悪いゴルフをしていました。無理なフォームで腰を痛め、ゴルフ翌日に歩けなくなったこともありました。**いま思えば、非常に危険なゴルフライフです。

たまたま私はＮＧＦと出会って、体に決定的なダメージを受ける前にゴルフスタイルを変更することができましたが、いまなお危険なゴルフを続けているゴルファーは本当にたくさんいます。

あなたは大丈夫でしょうか。

危険なゴルフを実践していた張本人として、さらにはゴルフでケガをした人を何人も診断してきた医師としても、多くの人のゴルフスタイルに私はかなりの懸念《けねん》を抱いています。

現在、私は東京・赤坂で画像診断を専門にしたクリニックの院長を務めています。同時に、日本、アメリカ、ヨーロッパそれぞれで認定されたアンチエイジングの専門

医でもあります。ちょっと詳しく申し上げますと、日本では日本抗加齢医学専門医、アメリカではＡ４Ｍ（American Anti-Aging Academy of Medicine）の認定医、そしてヨーロッパではＷＳＯＡＡＭ（World Society of Anti-Aging Medicine）の専門医の資格をそれぞれ取得しています。

つまり私は、ＮＧＦでゴルフを学んだシングルプレーヤー、画像診断の専門医、アンチエイジングの専門医という三つの視点から考えて、日本のアマチュアゴルファーが非常に危険なゴルフをしているという危機感をもっているのです。

アマチュアゴルファーが間違っている点はたくさんあります。

・ゴルフをすれば多少腰が痛くなるのは当たり前だと思っている。
・ゴルフの前日に平気でお酒を飲む。
・ラウンド中の昼食にビールを飲む。
・準備運動が足りないことが、どれだけ危険かを知らない。
・脳梗塞《のうこうそく》や心筋梗塞《しんきんこうそく》のリスクが高まるゴルフを平気で続けている。

など、数え上げればキリがありません。

一般のアマチュアゴルファーなら、ここに挙げた項目に最低一つは該当するのではないでしょうか。一つといわず、三つ、四つ該当するゴルファーも多いはずです。

私は、ゴルフで腰を痛めた患者さんのＭＲＩ（磁気共鳴画像）写真を毎月何百枚と見ながら、こんなゴルフを続けていては老化が進むだけだと、大きな危惧《きぐ》を抱いています。また、ゴルフ場で無理なスイングをしているアマチュアゴルファーを見ては、ぎっくり腰でいつ倒れるかと心配でなりません。以前の私のように、翌日歩けなくなるのではないかと不安になります。

そんな人たちは、いますぐゴルフをやめるべきでしょうか。

私は必ずしもそうとは思いません。「ゴルフほど体に悪いスポーツはない」といいながら、ゴルフ自体に責任があるとは思っていないのです。

自分の体をいたわろうとしないゴルファーにこそ問題があるのです。

正しいやり方さえ知れば、ゴルフはきわめて健康的で、アンチエイジングにもつながる、すばらしいスポーツとなります。

この本で私がおすすめするのは、ただ単にスコアアップを目指すゴルフではありません。体を壊し、老化を進めてまでスコアアップを狙うのなら、その人はプロを目指すべきです。

私たちのようなアマチュアゴルファーには、健康で、若々しくゴルフを楽しむことのほうがはるかに大切です。

私が見るところ、アマチュアゴルファーには大きく分けて二つの種類があります。それはずばり、「ゴルフで老いる人」と「ゴルフで若返る人」です。

「ゴルフで老いる人」は、背骨や腰を痛め、足腰が弱り、脳もうまく働かなくなるゴルフをしています。私はそれを**「老いるゴルフ」**と名づけています。

一方の「ゴルフで若返る人」は、筋肉、関節、神経、内臓などすべてが若々しくなり、脳の働きも活発になる**「若返るゴルフ」**をしています。**「百歳までできるゴルフ」**と表現することもできるでしょう。

このように大別してしまえば、誰だって「若返るゴルフ」をしたいと思うはずです。ゴルフをしてどんどん老化が進むと知れば、ゴルフをする人などいなくなってしまうでしょう。

ところが、現実は大違いです。残念ながら、ほとんどのアマチュアゴルファーは

「老いるゴルフ」を何年も続けています。

一例をあげてみましょう。

自分の能力以上のフルスイングをして、飛距離三〇〇ヤードを目指す。アマチュアゴルファーによく見られるパターンです。ひょっとして、あなたもその一人ではないでしょうか。そんな人にはぜひ聞いてみたいものです。


ヘルニアになってまで、三〇〇ヤード飛ばしたいですか?


誰だって答えは「ノー」です。腰や背骨を痛めて、日常生活に支障を来してまで三〇〇ヤード飛ばす価値などまったくありません。「老いるゴルフ」はいますぐやめて、肉体と脳が若々しくなるアンチエイジングゴルフを実践してはいかがでしょうか。

必死で三〇〇ヤードを目指すプレースタイルに比べれば、私が提唱するのはまさに「お気楽ゴルフ」です。

プロでもないのに、スコアや飛距離に夢中になる必要はありません。スコア、飛距離に過剰なこだわりをもっている人ほど、不健康で、「老いるゴルフ」をしています。そんな人たちが五年後、十年後にゴルフライフを楽しんでいるかといえば、おそらくそんなことはないでしょう。腰痛に苦しみ、ゴルフをやめている人もたくさんいるはずです。

そうならないためにも、自らのゴルフスタイルを見直して、若々しくゴルフが続けられるスタイルを身につけてみてはいかがでしょう。

こんな言い方をしていると、「若返るゴルフ」は「スコアが下がるゴルフ」と誤解する人もいるかもしれません。

じつをいうと、決してそんなことはありません。「若返るゴルフ」とは、「体に無理な負担をかけず、生理学的に理にかなったプレーをするゴルフ」という意味です。そのスタイルをきちんと身につけてしまえば、**むしろ安定したショット（再現性の高いショット）が打てるようになり、結果としてスコアアップにつながります。**

体を痛めてスコアアップを目指すのではなく、「若返るゴルフ」によって健康的にプレーして、結果的にスコアも伸びる。これが本書で提唱するゴルフスタイルです。

アンチエイジングの専門医として、若返りのメカニズムについてもかんたんにご紹介しておきましょう。

人が若々しくなるためのキーワードは「成長ホルモン」です。成長ホルモンをどんどん分泌することで、見た目も内臓も若さを保てます。

ところが、成長ホルモンは二十歳を境に急激に分泌量が減ってしまいます。歳を重ねるごとに、見た目も内臓も老化していくのは、かんたんにいえば、成長ホルモンが分泌されなくなっているからなのです。

だからといって、すべてをあきらめる必要はありません。実際、同じ年齢でも若く見える人と老けている人の差があるでしょう。その差は成長ホルモンを分泌しやすい生活をしているか、そうでないかによって生まれると、私は考えています。

たとえば、一日一回、体温を一度上げることによって、成長ホルモンの分泌量はぐっと増えます。代謝もよくなり、免疫力もアップします。人間が健康や若さを維持するには、体温を上げるのは非常に効果的なのです。

ところが最近、低体温の人が非常に増えています。低体温でありながら、一日一回、体温を一度上げることなどほとんどない生活を送っています。これでは成長ホルモンの分泌は期待できません。まさに、老化を促進する不健康な生活スタイルです。

同じ生きていくなら、成長ホルモンを分泌しやすい生活をして、健康で若々しくいたいとは思いませんか。

最近は、世間でもアンチエイジングという言葉をよく耳にします。「エイジング＝加齢」に「アンチ＝抗《あらが》う」というのは、健康上でも非常に価値のあることです。

しかし、アンチエイジングというと、美容分野に限定されたイメージが定着しているようにも感じられます。女性が肌を白くしたり、しわをなくしたりすることが、アンチエイジングだと誤解されているのです。

本来、アンチエイジングにはもっと広い意味があります。内臓を含めた体全体を若々しくして、健康を維持するというのがアンチエイジングの本意です。そのためか、欧米ではアンチエイジングというより、エイジング・マネジメントという言葉を使うケースが増えています。お肌のケアをして若々しく見せるというだけにとらわれず、自分の加齢をトータルでマネジメントしようという発想です。

真の若さ、本当の健康を手に入れるためにも、私はぜひ効果的なエイジング・マネジメントをおすすめしたいと考えています。

私はこの本のなかで「成長ホルモンを分泌させる」「一日一回、体温を一度上げる」ことを中心に、何が健康的なゴルフで、何が若返る生活習慣なのかについて明らかにしたいと思っています。日常の何気ない行為やゴルフ場では当たり前となっている行動が、いかに危険で、老化を促進するのかをご理解いただきたいのです。

すべてを読み終えたとき、多くの方が真の健康とは何かについて新たな考え方をおもちになるのではないでしょうか。病気やケガをしていないことが真の健康なのではなく、もう一つ上のレベルの健康に出会うと私は確信しています。

この本をきっかけにして、日本中のアマチュアゴルファーはもちろん、若さを保ちたいと思っているすべての人に理想的なエイジング・マネジメント術を身につけていただきたいと切に願っています。

齋藤真嗣

ゴルフで老いる人、若返る人［目次］

第1章 「ゴルフで老いる人」の共通点

第2章 「ゴルフで若返る人」になる方法

第3章 「考えるゴルフ」で若返る

第4章 エイジング・マネジメントのすすめ

装丁・本文デザイン●渡辺弘之
本文DTP●日本アートグラファ
構成●橋本淳司、飯田哲也
編集協力●ぷれす
編集●高橋朋宏、桑島暁子（サンマーク出版）

第1章

「ゴルフで老いる人」の共通点

ゴルファーの多くは不健康なゴルフをしている

ゴルフは健康にいい。

そう思ってゴルフを楽しんでいるアマチュアゴルファーはたくさんいます。そうはっきりと意識しないまでも、「ゴルフが体に悪い」と思っている人はほとんどいないのではないでしょうか。

たしかに、太陽の光を浴びながら、外で体を動かすのはじつに健康的です。アンチエイジングの専門医という立場から見ても、ゴルフは若さを保つために有効なスポーツだといえます。

しかし、それも正しいゴルフをしている場合に限られます。

残念ながら、アマチュアゴルファーのなかには、とても若々しいとはいえない「不健康なゴルフ」をしている人がたくさんいます。若さを保つどころか、どんどん老化が進んでしまうと心配になるほどです。

あなたのゴルフは大丈夫でしょうか。冷静に振り返ってみてください。

ゴルフ前夜に遅くまでお酒を飲み、当日は寝不足のまま長距離ドライブをしてゴルフ場へ向かうなんてことをしていませんか。

朝食を食べない人もいれば、十分な準備運動もせずにラウンドを開始する人もたくさんいます。無理なスイングで腰を痛めている人もいれば、脱水に関する知識もなく、まったくケアしない人もいるでしょう。**冬場のゴルフでは心筋梗塞《しんきんこうそく》、脳卒中のリスクが高まっているのに、十分な対策を講じることもなく、突然死と背中合わせでラウンドしている無謀なゴルファーもいます。**

こんな人たちが「ゴルフは健康にいい」といっているのですから、医師として本当に心配になります。

まず、不健康で老化するゴルフは前日から始まっているということをしっかりと認識してください。

お酒の席で「明日はゴルフで朝五時起きだから、たいへんなんだよ」といいながら、飲むのをやめようとはしない。よく見る光景です。場合によっては、同僚や友人から「若いな」「健康的ですね」などともてはやされていい気分になっている。身に覚えがある人も多いのではないでしょうか。

「ゴルフで五時起き」といっておきながら、前日遅くまでお酒を飲む行為が、どれほど老化を進ませるのか、多くの人が理解していません。なかには「アルコールなんて一晩寝れば大丈夫」と思っている人もいるようですが、現実はまったく違います。なんとなく酔いがさめれば、体内でアルコールが分解されたと考えるのは大きな間違いです。

ゴルフの前夜に酒を飲んではいけない

ゴルフの前日、当日を問わずアルコールを飲むゴルファーは非常に多いので、まずはアルコールのリスクについて考えてみましょう。

そもそも、アルコールは体の中で二段階に分解されます。

体内に入ったアルコールは、まずアセトアルデヒドという物質に分解され、その後酢酸に分解されるという経緯をたどります。アセトアルデヒドは発ガン性物質で、体に悪影響を及ぼします。お酒を飲んだ人が嘔吐《おうと》したときに発するあの独特の臭いは、アセトアルデヒドが原因です。

アルコールが一段階分解された（アセトアルデヒド）時点では、体にとって悪い状態が続いています。体内のアルコールが完全に無害化するのは、もう一段階分解が進んで酢酸になったときです。

さて、問題は体内に入ったすべてのアルコールが、酢酸に分解されるまでにどれくらいの時間を要するかです。

お酒を飲んでから何時間経てば「もう酔っていない」と言い切れるのか、ご存じでしょうか。

もちろん、アルコール分解にかかる時間には個人差があり、摂取量によっても異なります。一般に、欧米人は日本人に比べてアルコール分解酵素が四倍あるといわれており、アルコールを無害化するまでの時間も短くてすみます。日本人同士でも、お酒の強い、弱いという差は、アルコール分解酵素をどれだけもっているかによって生じるのです。

一つの目安としてですが、日本人がお酒を飲んでから無害な状態に分解されるまで、八時間程度は必要です。「自分はお酒が強いから」と自負する人であっても、四、五時間で酢酸まで完全に分解されるということはありません。

そう考えると、深夜十二時までお酒を飲んでいる人が、翌朝五時に家を出るとしたら、明らかに体の中にアルコールが残っています。自分なりに意識がはっきりしていても、体はまだ酔っぱらっているのです。**言い換えれば、体内にアセトアルデヒドという発ガン性物質を抱えたままゴルフへ出かけるようなものです。**

そんな不健康な状態でスポーツをすることが、体にいいわけがありません。

早朝から車を運転することがわかっているのに、夜遅くまでお酒を飲む。これは、健康リスクのみならず、飲酒運転の交通取締りにもひっかかる法的な問題を含んでいます。

車を運転する人のなかで、いったいどれくらいの人が酒気帯び運転の基準をしっかりと理解しているでしょうか。酒気帯び運転による事故が多発し、社会的な問題となっているにもかかわらず、正しい知識をもっていない人が案外多いように感じられます。

酒気帯び運転の基準は二〇〇二年に改正され、現在では呼気一リットル中のアルコール濃度が〇・一五ミリグラム以上で違反点数六点、〇・二五ミリグラム以上で違反点数十三点となっています（ちなみに、二〇〇二年以前は、〇・二五ミリグラム以上で違反点数六点のみ)。

もっとも、呼気中アルコール濃度について具体的数値を出されてもピンとこない人は多いでしょう。

わかりやすく解説すると、お酒を飲んでから五、六時間経っている人の場合でも、呼気一リットル中のアルコール濃度は〇・一五ミリグラム以上あると考えられます。違反点数六点の立派な酒気帯び運転となる状態です。

これを違反にならないレベル(アルコール濃度が〇・一五ミリグラム未満)にまでもっていくには、やはり八時間程度は待たなければなりません。

つまり、前の日にお酒を飲んで、四、五時間程度しか睡眠をとらずに運転するのは、酒気帯び運転をしている可能性が非常に高いのです。朝、飲酒検問をしているケースは少ないので、このような事例が世間を賑わすことはほとんどありませんが、運転をする前夜の飲酒は極めて危険な行為だと認識しなければなりません。

「お酒を飲んでも一晩寝れば大丈夫」と思っているドライバーは、その考えをいますぐ改める必要があるでしょう。

酒を飲むと寝付きはよくなるが、睡眠の質は悪くなる

早朝からゴルフだというのに、前夜に早く寝ない人は「少しくらい寝不足でも大丈夫」と思っているのでしょうか。

これがもしマラソンやサッカーをするとしたら、前日からコンディションを整えようとするはずですが、どうもアマチュアゴルファーのなかにはゴルフをスポーツとして軽視している人がいるようです。「年配者のスポーツだから運動量はたいしたことない」と高をくくっている人も見受けられます。

純粋な運動量という点では、たしかにマラソンやサッカーよりゴルフのほうが少ないかもしれません。とはいえ、ゴルフだって全身の筋肉を使って、何時間もプレーする立派なスポーツであることに変わりはありません。アマチュアゴルファーが体を壊したり、ひどい場合にはゴルフ場で突然死を起こすなど、ゴルフに関するさまざまな問題は、ゴルフを甘く見ていることにも原因があります。ゴルフも他のスポーツと変わらず、十分にコンディションを整える必要があるのです。

コンディション調整において、前夜の睡眠は非常に大切です。

質のよい睡眠を十分にとっておかないと、体がだるいままでプレーすることになり、思考力も低下します。精神的にも、肉体的にも覇気《はき》がない状態なのに、ドライバーショットのときだけ力を入れようとすれば体に無理が生じるのは当然です。

夏のゴルフでは強い日差しにさらされて、体力も低下し、ふらふらになってしまうこともあるでしょう。

ただし、睡眠は長くとればいいというほど単純ではありません。睡眠には決まったサイクルがあるので、それに合わせて眠り、目覚めることが肝心です。

レム睡眠、ノンレム睡眠という言葉を聞いたことがあるでしょうか。

レムというのは「ＲＥＭ」と表記し、「Rapid Eye Movement」の略で、直訳すると「素早い目の動き」となります。レム睡眠とは、寝ている間に目が小刻みにピクピク動いていて、それだけ活発に脳が働いている状態です。

一方、ノンレム睡眠とは、目の素早い動きがなく、脳もゆっくりと休んでいる状態です。要するに、深い眠りです。

人間の眠りはレム睡眠とノンレム睡眠を規則的に繰り返しています。眠りの初期はレム睡眠で、時間が経過するとともにノンレム睡眠へ入っていきます。また、ノンレム睡眠にはステージ1からステージ4までレベルがあり、ステージが上がるごとに深い眠りになっていきます。

つまり、就寝後すぐはレム睡眠で、しばらくするとノンレム睡眠ステージ1へと入ります。その後、ステージ2から、ステージ4まで眠りが深まり、さらに時間が経過するとだんだんと眠りが浅くなり、レム睡眠に戻ってきます。これが眠りのサイクルです。

通常、このサイクルは、個人差はあるものの、およそ九十分で一周します。そして、人間はこれを四～六サイクル繰り返すようにして眠っているのです。

質のよい眠りとは、ノンレム睡眠時にステージ4までしっかりと深まり、九十分のサイクルに沿ってレム睡眠に戻ってきたときに目覚めることです。

長く寝たからそれだけ睡眠の質が高いかといえば、そんなことはないのです。

たくさん寝たはずなのに体がだるいときもあれば、少ない時間しか寝ていないのにすっきりと目覚めたという経験は誰にでもあるはずです。この差は、睡眠サイクルに沿って正しいタイミングで目覚めたかどうかがポイントです。**九十分ワンサイクルな**

ので、五時間寝るより四時間半のほうが目覚めはいいのです。

ただし、一般的には四時間半の睡眠では十分とはいえません。やはり、最低でも六時間、できれば七時間半寝るように心がけてください。

睡眠の話をすると、「お酒を飲むとよく眠れる」という人がいます。

ゴルフの日は朝が早いから、すぐに寝るためにもお酒を飲むという人がいるのではないでしょうか。ゴルファーに限らず、睡眠導入剤の代わりにお酒を飲むことが習慣化している人はけっこういます。

お酒を飲むとよく眠れるというのは本当なのでしょうか。

じつは、大きな誤解をしている人がたくさんいます。

たしかに、アルコールによって寝付きがよくなるという効果はあります。ですが、この場合は睡眠の導入が早くなるだけで、睡眠の質はむしろ低下しているのです。ノンレム睡眠のとき、しっかりとステージ4まで深まることなく浅い眠りになってしまったり、九十分のサイクルが乱れて短いサイクルを繰り返してしまうなど、いくつかの睡眠障害が起こってきます。

寝付きがよくなるからといって、アルコールを飲むのはやめたほうが賢明です。習慣化すれば、睡眠の質は慢性的に悪くなり、体にも悪い影響を及ぼします。

睡眠は、成長ホルモンを分泌させて若々しくなるためにも非常に重要な行為です。睡眠の質を落とすことは、直接老化につながってきます。

まして、ゴルフの日は何時間も外にいて、何キロも歩きながらプレーするのですから、質のよい睡眠をしっかりとって、心身ともにすっきりとした状態で一日を迎えることが不可欠です。若さを保つためにも、ゴルフのスコアアップを図るためにも、質のよい睡眠を心がけてください。

朝食を食べずにゴルフをしてはいけない

睡眠と同様、食事に関するコンディション調整も大切です。

朝早いなどの理由で、朝食を食べずにプレーする人がいますが、これではせっかくのゴルフが台無しになってしまうことを覚悟しなければなりません。普段から朝食を食べないという人も増えていますが、特にゴルフをする日に朝食を抜くと、エネルギー不足と脱水という二つの問題が起こってきます。

ゴルフは一日中（少なくとも半日）、外を歩き回るわけですから、相応のエネルギー消費があります。朝食によってエネルギー補給をせず、体温も上がらない状態が続いていれば、すぐに疲れてしまい、まともなプレーなどできるはずがありません。

また、エネルギー不足は脳の働きにも大きな影響を及ぼします。

ゴルフというと、足腰や腕だけを使っているような印象をもちますが、じつは脳もフルに活動しています。真剣にプレーすると、ゴルフはとても戦略的なスポーツで頭を使います。各ホールをどのように攻めようかと考えるときには、多くの情報を多角的に分析しなければなりません。フェアウェイの状況を理解し、風を計算に入れ、その日の自分のコンディションと相談しながら使うクラブを選択しなければなりません。そのうえ、ラフやバンカーではボールが沈んでいないかなど、ボールの状態（ライ）を考え、打ち方も工夫しなければなりません。グリーン上では、距離を測って、芝目を読み、傾斜を考慮してパットを打ちます。

想像しただけでも、頭脳をフル回転させなければならないことがわかります。

あなたはしっかりと頭を使ってゴルフをしていますか。

頭を使うのは、脳のアンチエイジングにとっても重要なことです。**ただ漫然とゴル**

フをするのと、情報を集め、分析し、打ち方を決めるという緻密《ちみつ》な行為をしているのとでは、脳の若返りという点で雲泥《うんでい》の差が出ます。

これまで漫然とプレーをしていた人は、そんな「老いるゴルフ」はさっさとやめて、頭を使った「若返るゴルフ」を実践すべきです。

そして、脳を使うには絶対的にエネルギーが必要です。朝食を摂《と》らずにゴルフをするということは、脳をフル活用できず、結果として「老いるゴルフ」になってしまうのです。せっかくの休みを利用して、高いお金を払ってプレーするのですから、何も考えずにただ打つだけのゴルフではもったいないと思いませんか。どうせやるなら、しっかりと朝食を摂って、万全の状態で頭脳を使った「若返るゴルフ」をやりたいものです。

さらにもう一つ、朝食をとることで脱水を防ぐという効果もあります。

ゴルフに限らず、体を動かしているときには、つねに脱水に注意しておかなければなりません。

脱水については後に詳しく述べますが、朝食を摂らないと自然に水分摂取量も不足しがちになります。**ひどいゴルファーになると、のどが渇いているにもかかわらず、**

「この後、ビールをおいしく飲むため」といって、水分補給を抑える人がいます。あなたの周りにもいませんか。

この行為は本当に危険です。特に夏場のゴルフであれば、生死にかかわる深刻な事態を招きかねません。

朝食をしっかりと摂って、水分補給にも十分留意する。これはスポーツをするにあたって、じつに当たり前のことです。一見激しいスポーツでないからといって、ゴルフを甘く見てはいけません。エネルギー補給や脱水についてつねに意識し、十分にコンディションを整えるよう習慣づけてください。

準備運動もしないでプレーするのは愚の骨頂

他のスポーツに比べ、ゴルフを甘く見ている人が多いと感じる点はまだあります。

準備運動不足も多くのアマチュアゴルファーに共通する問題ではないでしょうか。

あなたはラウンド前にしっかりと準備運動をしていますか。友人たちと談笑しながら、なんとなく手首を回しているだけで、準備運動をすませてはいませんか。

もし、いまから一〇〇メートルのダッシュを三回するといったら、誰だって入念な準備運動を始めるでしょう。全身のストレッチの後、軽いジョギングまでして体を温めようともするはずです。

一〇〇メートルダッシュの場合は、なぜしっかりと準備運動をするのでしょうか。そう尋ねたら、「いきなり走ったら、体を痛めるから」と答える人も多いはずです。じつに正しい認識です。準備運動もせずに突然全力で走ったら、筋骨格系にトラブルが生じる可能性は高いでしょう。一〇〇メートルダッシュともなれば、筋肉をマックス（最大限）の状態で急激に使うことになります。そのことを経験的に知っているから、誰もが入念な準備運動をするのです。

では、ゴルフのシーンを思い出してください。

ゴルフ場に着いて、着替えをすませ、一番ホールのティーグラウンドに立ちました。いよいよ、本日の第一打目を打つ瞬間を迎えます。

ゴルファーなら誰でもわかるでしょうが、その日の第一打目はもっとも緊張する瞬間です。一番ホールの一打目はギャラリーも多く、周囲はあなたのことを「どの程度の実力か」と思いながら注目しています。

ここでは何としても、いいショットを打ちたいという気持ちになるのも当然です。

また、たいていの場合、一番ホールの第一打目はドライバーで距離を出すショットが要求されます。つまり、「飛ばさなければならない」というプレッシャーも同時にかかってきます。

この状況では、力一杯のフルスイングをするのも無理はありません。マックスの筋力を使って、もてる力を最大限に発揮したい瞬間でしょう。

つまり、ゴルフも一〇〇メートルダッシュも同じです。結局は、マックスの筋力を急激に使う瞬間が訪れるのです。

それにもかかわらず、**しっかりと準備運動をしていなければ、筋骨格系、特に腰や首、肘《ひじ》などに問題が起こってくる可能性は高まります。**その日の第一打目から体にトラブルを抱えては、とてもゴルフを楽しむことなどできません。スコアを期待することはおろか、一八ホールを無事にラウンドすることさえ怪しくなってしまいます。

手首や腰を痛めたり、脱臼《だっきゅう》してしまうなど、準備運動不足によって起こる問題はたくさんあります。**これは実際にあった話ですが、まったく準備運動をしないで第一打を打った瞬間、ピシッという音がして脱腸《だっちょう》になった人がいました。**

やはり、最低でもストレッチくらいはしっかりとやっておくべきです。ストレッチとは関節の可動域を広げるための運動です。肩関節、肘関節、股関節《こかんせつ》の可動域を広げるように、しっかりと伸ばしておくことが大切です。特に股関節を広げるストレッチは不足している人が多いので、より意識して行ってください。

ゴルフのスイングについては第3章でも、詳しく触れますが、ストレッチが不十分で股関節、腰、腕などの可動域が広がっていないと、ボールが左に飛び出しやすい（右利きの人の場合）という傾向があります。**朝一番のショットでいつもよりも左に飛びやすいという人は、ストレッチが不足していると思ってください。**そして、朝一番のショットは左に出やすいからといって、無理に右に打とうとすれば、腰に負担がかかります。

スイングで修正するのではなく、入念なストレッチが必要なのです。

ストレッチをした後、できれば軽くランニングをすると準備運動の効果はさらに高まります。準備運動でも体温を一度上げることを目安にするといいでしょう。軽く走って汗ばむ程度になれば、体が十分に温まったと判断できます。

「若返るゴルフ」の大前提は、やはりケガをしないことです。その日一日を楽しくラウンドするためにも、その後の人生で長くゴルフをプレーするためにも、入念な準備運動を絶対にするようにしましょう。

コンディションの悪さを自慢するゴルファーになるな!

前夜にアルコールを飲んではいけない。しっかりと睡眠をとる。十分な準備運動をする。

これだけ話をしても、「老いるゴルフ」を続ける人はかんたんにはなくなりません。そこには日本人独特の奇妙な傾向があると私は考えています。

それは、コンディションの悪さを武勇伝のように自慢する人が多いということです。

「昨日は二時まで飲んじゃってさぁ……」「仕事でほとんど寝てないんだよ」などと、ゴルフをする前から、自分がいかに悪いコンディションなのかをことさらにアピールするのです。

そういっておけば、ゴルフのスコアが悪くても言い訳が立つし、もし成績がよければ「コンディションが悪かったのに、これだけの成績が残せた」とさらなる自慢のネタになるという算段でしょうか。

余談になりますが、日常生活でも日本人はコンディションの悪さを自慢げに話す人が本当に多いと思います。寝不足や二日酔いはもちろん、仕事の忙しさをひけらかす人もいれば、腰回りに贅肉《ぜいにく》がついてくると「最近はやりのメタボリックシンドロームになっちゃったよ」と笑いながら話す人もいます。

不思議で、愚《おろ》かしい習慣といわざるを得ません。ちなみに、ゴルフ場で同じことを欧米人に向かっていったら、まるで違う反応が返ってきます。「コンディションが悪いなら、無理してラウンドすることはない」「寝てないなら、いますぐ帰って寝たほうがいい」などといわれるでしょう。ひょっとすると心のなかでは、「コンディションぐらいしっかり整えてこいよ」と思われているかもしれません。

アメリカでは肥満の人は管理職になれないという話を聞いたことはありませんか。肥満は自らのコンディションを管理できていないために起こる問題と解釈され、自分自身を管理できない人が会社を管理できるはずがないと判断されるのです。

似たような話は医学の現場でもあります。アメリカの医学生は喫煙が見つかるとすぐに退学になってしまいます。タバコは百害あって一利なしというのは、すでに定説といっていいでしょう。自らの健康管理もできない人間が、医者となって患者の健康を管理できるわけがない。それが退学処分の理由です。

日本と欧米では文化が違うので、どちらが正しくて、どちらが間違いとは断定できません。ですが、ゴルフをするからにはコンディションを整えておくのは基本です。

スコアがよくなかったときの言い訳として「あんまり寝てないんだよ」というのは自由ですが、本当に睡眠不足なのは問題です。

ゴルフは「見栄《みえ》のスポーツ」「言い訳のスポーツ」などといわれることもあり、うまくいかなかったときの理由を何かと用意したくなるものかもしれません。ですが、健康で若々しくゴルフをするためには、コンディションを整えるのは守るべき最低ラインだと認識すべきです。

ゴルフ場ではカートに乗ってはいけない

ゴルフ場ではカートに乗らない。

そう心に誓っているゴルファーはどのくらいいるでしょうか。おそらく、ほとんどいないのではないかと思います。

ホールからホールの間を友人たちと話をしながら、快適に移動する。お気楽ゴルフにはカートはうってつけのアイテムのように感じられます。**しかし、ゴルフ場でカートに乗るのは「ラクだ」という以外、いいことはまったくありません。**

アンチエイジングの専門医として「若返るゴルフ」を提案する際、もっとも大事なのは成長ホルモンを分泌することです。そのために一日一回、体温を一度上げましょうという話はすでにしました。つまり、「若返るゴルフ」とは、**「体温を一度上げるように行動するゴルフ」**と言い換えられます。

そう考えると、ホールからホールの移動というのは、体温を一度上げる絶好のチャンスです。しかも、緑がたくさんあって、美しくデザインされたフェアウェイやグリーンを横目に見ながら歩くのです。こんな最適な環境がありながら、わざわざカートに乗って「老いるゴルフ」をするのは、じつにもったいないことです。

高齢者になればなるほど、カートに乗ってラクに移動したいと思うものです。人間の筋肉は下半身からどんどん衰えていくので、歳をとればとるほど歩くことによる負担が大きくなります。何かをつかむ力など、上半身の筋力は二十代のころと大きく変わらないのに、歩いたり、走ったりするための下半身は著しく衰えていきます。

しかし、だからこそカートに乗らないでほしいのです。

衰えていく下半身こそ、積極的に歩いて鍛えなければなりません。普段あまり歩かない人はゴルフ場にいるときこそチャンスだと思って歩いてください。

ゴルフというスポーツにおいて、もっとも健康的で、アンチエイジングにつながるのは歩くことだとさえいえます。カートに乗るということは、ゴルフがもつ最大のアンチエイジングポイントをみすみすやり過ごすようなものです。

カートに乗りながら、「ゴルフは健康のため」「若々しくありたい」などというのはナンセンスです。何かしらの事情で、歩くのが困難でないかぎり、カートは使わず、ぜひ自分の足で歩きましょう。

体を温め、筋肉と関節をほぐそう

カートに乗ることによるデメリットはまだあります。

「若返るゴルフ」で、いいスコアを出そうとしっかり準備運動をしたとしても、ホール間でカートに乗ってしまったら効果は半減です。カートに乗っている間に体は冷え、筋肉は硬直してしまいます。

ショートホールを除けば、たいていのホールで第一打目はドライバーで打ちます。大きなスイングで、強く振るクラブです。筋肉の使い方から考えても、第一打目はもっとも体がほぐれている状態でなければなりません。

ドライバーを打つまでの流れを冷静に思い出してみてください。

まず、前のホールで最後に打ったのは当然パターです。グリーン上をゆっくり歩き、しゃがんで芝目を読み、ゴルフのスイングの中でもっとも小さな動きでパッティングします。

それだけでなく、一緒に回っているプレーヤーのパッティングを待っている間はじっと静止していなければなりません。人によっては時間をかけて芝目を読み、たっぷりと間をとってからしかパターを打たない人もいます。その間中、あなたの体はどんどん冷え切って、筋肉は硬直していきます。

ようやくパーティ全員がカップインしたら、次のホールへと向かいます。そのとき、カートに乗ってしまったら、硬直した筋肉をさらに硬くしてしまうようなものです。

それだけ悪条件が重なった状態で、ドライバーショットを打たなければなりません。これでは、準備運動も無駄になってしまいます。

ゴルフのトーナメントをテレビで観ればわかるように、カートに乗っているプロゴルファーなど一人もいません。彼らはプロですから、体に悪く、プレーにも悪影響を及ぼすような愚かなことはしないのです。

それどころか、各ホールが終わると独特の歩き方でストレッチをしているプロがいます。テレビにはなかなか映りませんが、歩幅を大きくとって、腰を沈み込ませるようにして股関節を伸ばしながら、三～五歩くらい歩きます。それだけつねに体を動かして、筋肉や関節が硬くならないように注意しています。

アマチュアゴルファーがそこまでする必要があるとはいいませんが、せめて歩いて体を冷やさないようにするべきです。ほとんどのホールで、パターを打った直後にドライバーを打つのですから、まったく違う動きをするための準備をしておかなければなりません。

よく、野球の三塁手が体をゆらゆらと動かしながら、守備についています。あの動作も、次の瞬間にもっともいい動きができるように体を温め、筋肉や関節をほぐしているのです。ゴルフも同じです。次のショットのことを考え、つねにベストなコンディションにもっていく意識が大切なのです。

スーパーショットは忘れなさい

「ゴルフの腕前はどのくらい？」

そう聞かれたら、たいていの人がスコアについて答えるでしょう。「一〇〇くらい」「九〇を切ったことがある」など、最近のラウンドについて答える人もいるでしょうし、いままでのベストスコアを披露する人もいるでしょう。

ゴルフというスポーツは打数を競うターゲットゲームです。一つでも少ない打数でカップインする。それがゴルフの目的です。

しかし、ゴルフにはスコアとは別に、多くのゴルファーを強烈に惹《ひ》きつけるものがあります。なんだかわかりますか。

それは飛距離です。こういうと、「飛距離を出すのも、最終的に少ない打数でフィニッシュするための一つの要因に過ぎない」と冷静に反論する人がいるかもしれません。ですが、ゴルファーの会話を聞いていると「ドライバーで三〇〇ヤード飛んだよ」と自慢する人に対し、「そのホールは何打でフィニッシュしたの？」と聞く人はまずいません。つまり、スコアとはまったく別に、飛距離そのものが大きな価値をもっているのです。

たしかに、飛距離には魅力があります。

タイガー・ウッズの三〇〇ヤードを超えるドライバーショットを見れば、誰もがその迫力に圧倒されます。トッププロでなくても、一緒にラウンドしている人のなかに三〇〇ヤード近く飛ばす人がいたら、メンバーから羨望《せんぼう》のまなざしを受けるに違いありません。もしかしたらあなたも、「飛距離こそゴルフの醍醐味《だいごみ》」と思っているかもしれません。

さらに、ゴルフのおもしろい（場合によっては、やっかいな）ところは、そんなスーパーショットを誰もがたまに打ててしまうことです。極端な言い方をすれば、プロが打つような打球を素人でも打てる可能性が十分にあるのです。

これが野球なら、プロが投げる時速一五〇キロの球を素人が打ち返すことなどまず無理です。素人のスイングではバットにかすりもしないでしょう。

でも、ゴルフは違います。

力まかせのフルスイングでも、偶然うまい具合にボールに当たれば、会心のショットを打つことができます。あなたもラウンドや練習で、目の覚めるようなボールを打ったことがあるはずです。そのときの、ボールの残像、クラブから伝わる感触、インパクトの瞬間の乾いた音……五感すべてで得た快感がいつまでも記憶に残っているでしょう。

私が「ゴルフのやっかいなところ」というのは、そこです。

野球のように豪速球にバットがかすりもしなければ、誰だって身の丈にあったプレーをするはずです。学生時代に野球部で活躍し、運動能力に自信をもっている人でも、時速一五〇キロの速球を打ち返すには相応のトレーニングが必要だと理解できます。

ところが、ゴルフではたいした練習をしていなくても、偶然すばらしいショットが打てることがあります。そして一回でもスーパーショットを打つとその「麻薬」にはまります。見事な打球感とまっすぐに伸びる弾道を経験した誰もが、「あの球をもう一度」と思うようになります。

この感覚はゴルフ独特のものです。ちょっとした筋力の持ち主ならば、初めてクラブを握ったその日にスーパーショットを打ったとしても不思議ではありません。それがゴルフのおもしろいところであり、非常にやっかいな部分なのです。

「飛ばすゴルフ」は体をダメにする

あのスーパーショットをもう一度。

そんな思いでクラブを振り続ける気持ちはよくわかります。

しかし、忘れないでください。スーパーショットの残像を追い求め、飛距離を追求するゴルフを続けると必ず体を壊します。

これはＭＲＩなど画像診断を毎日行うアンチエイジングの専門医として断言できます。実際、スーパーショットが忘れられず、フルスイングを繰り返した結果、腰を痛めてしまったゴルファーを数多く診断してきました。

前述したように、どんな人でも偶然スーパーショットを打つことができます。**その偶然の一打のために、多くのアマチュアゴルファーは飛距離という魔力に取り憑《つ》かれてしまうのです。**医療の現場で激しい腰痛に苦しんでいる人を見ていると、そんな偶然の一球さえなければ、体を痛めることはなかったのにと思うこともあります。

では、なぜゴルフには奇蹟《きせき》の一球が存在してしまうのか。

その秘密はゴルフスイングの仕組みにあります。アマチュアゴルファーなら、ほとんどの人がスイング上でいくつもの問題を抱えているものです。下半身がブレる、腕の使い方が悪い、クラブフェースの向きが悪い、スイング軌道が定まらないなど、数え上げればキリがありません。

問題点をたくさん抱えていればいるほど、いいショットは打てないと普通なら考えます。ところが、ゴルフでは複数のマイナスポイントが、偶然重なってナイスショットを打ててしまうことがあります。

ゴルフでは「マイナス×マイナス＝プラス」によって、プロ顔負けのスーパーショットが生まれることがあるのです。

たとえば、腰が思いきり開いてしまい、スイングプレーン（スイングの軌跡）がターゲットラインに対してアウトサイドイン軌道になり、なおかつクラブフェースも過剰にオープン（外向き）になっている人がいるとしましょう。そんなスイングをレッスンプロが見れば、すぐにその二点を直すように指示するでしょう。

ところが、その二つのマイナス要因がうまく重なると、結果として狙ったターゲットライン（目標地点とボールを結んだ直線）上にボールが飛んでいくこともあるのです。本来、腰が開いていればボールは左に飛び出していきます。ですが、クラブフェースがオープン（外向き）になっているので、その後、右に曲がっていきます。結果として、二つのマイナス要因がうまく相殺され、たまたま狙った目標地点にボールが落下したということです。

スイング上の問題が一つであれば、本来、ミスショットであったはずなのに、二つの問題があったために、結果的にうまくいくという現象です。

しかし、体の構造に合ったスイングをしているわけではないので、そんなスイングを繰り返していると、腰や肘、首などに大きな負担がかかります。それなのに、多くのアマチュアゴルファーは「あの感触をもう一度」と思い、練習場で同じスイングを繰り返します。間違いだらけのスイングで、たまたま打てたスーパーショットを必死に追い求め、その結果、体を壊してしまうのです。

自分の能力以上のことはするな！

じつは私自身も、たまたま打てたスーパーショットの幻想にとらわれていた一人です。ゴルフを始めたばかりのころ、たまたま打てたスーパーショットが忘れられず、練習場でドライバーのフルスイングを二〇〇球以上打ったこともありました。若かったということももちろんありますし、学生時代にアメリカンフットボールをやっていて体力や運動神経に自信があったのも大きかったと思います。

とにかく、過去に打ったすばらしい弾道を頭に描いて、ひたすらクラブを振りまくるのです。コツさえつかんでしまえば、あとはこっちのものだと打ち続けました。

しかし、そんな無茶をすると、翌日は悲惨です。腰から尻にかけて激しい痛みが走り、歩くこともままならない状態になってしまいました。どこへ行くにも壁伝いに歩き、手すりにつかまりながら、はうようにしか進めないのです。若く、体を鍛えていた自分がそんな状態になり、かなりショックを受けました。

そこまでひどくなくても、ゴルフの翌日（あるいは数日後）、体に痛みを感じたことのある人は多いでしょう。

それは明らかに、自分の能力以上のことをやったツケがまわってきているのです。日常的にフルスイングをするためのトレーニングをしていない人が、飛距離を求めてドライバーを振り回せば、間違いなく腰や首、座骨神経などに問題が起こります。

タイガー・ウッズのスイングをまねてはいけない

私は画像診断を行っている医師としても、アンチエイジングの専門医としても、フルスイングで体を痛めた一人のゴルファーとしても、飛距離を追求するゴルフは決しておすすめできません。

そもそも飛距離を目指すとはどういうことでしょうか。

それなりに正しいスイングができることを前提にすれば、飛距離を伸ばすにはやはりヘッドスピードを上げる必要があります。

通常、アマチュアのヘッドスピードは毎秒四〇～四五メートル程度で、プロになると五〇～五五メートルという数値に上がります。

しかし、トレーニングをしていないアマチュアゴルファーでもプロと同程度のヘッドスピードを出すことはできます。

もともとゴルフのクラブは先端（ヘッド）が重くなるよう設計されているので、大きく振ればそれだけ遠心力を得て、大きなパワーを生み出せるようになっています。なかでもドライバーはヘッドも大きく、シャフト（グリップからヘッドまでの棒の部分）も長いので、より大きな遠心力が働きます。そして、そのパワーを正しくボールに伝えられれば、それだけ遠くに飛ばすことができるという仕組みです。

ところが、遠心力だけではゴルフスイングは完成しません。

強い遠心力がかかっている状態で、そのパワーを正しくボールに伝えるにはしっかりとした土台が必要です。強い遠心力に耐えられるだけの土台がなければ、体が前後左右に振り回されてしまい、きちんとボールを打つことができません。遠心力に対抗する力のことを向心力といいますが、向心力に耐えるための土台（下半身を中心とした筋力）がなければ、フルスイングを支えることはできないのです。

もし、あなたがフルスイングをして飛距離を伸ばそうとするならば、まずは遠心力に耐えうる向心力（土台となる強靭《きょうじん》な下半身）を身につけるところからスタートしなければなりません。

タイガー・ウッズの例でいえば、毎日八キロのランニングをし、一〇〇キロを超えるウェイトトレーニングを継続するということです。飛距離が魅力の日本人ゴルファー伊澤利光プロの場合ならば、小学四年生のころから腰に古タイヤを三、四個つけて、毎日校庭を何十周も走る。それをプロになるまで一日も欠かさず続けたそうです。

それだけのトレーニングを積めば、しっかりとした土台ができあがるでしょう。逆にいえば、しっかりした土台がない状態で、力一杯ゴルフクラブを振って、遠心力ばかりを増大させると、安定したショットが打てないばかりか、必ず体のどこかにトラブルが起こってきます。

タイガー・ウッズのスイングを目指したばかりに、腰を痛め、壁伝いに歩いているようでは、ゴルフを続けることができなくなります。エイジング・マネジメントという観点から見ても、若々しい姿とはほど遠いといわざるを得ません。

飛距離という魔力に冒され、プロのスイングをまねしようとする人は、間違いなく「ゴルフで老いる人」になります。プロ野球選手が投げる時速一五〇キロの球を打ち返そうなんていう無謀なチャレンジはいますぐやめるべきです。

第2章

「ゴルフで若返る人」になる方法

理想は成長ホルモンを分泌しやすい生活

若さを保つのにもっとも必要なのは何だと思いますか。

それは成長ホルモンです。

つまり、その人が若いかどうかを決定づけるのは、いかに成長ホルモンを分泌しやすい生活をしているかどうかなのです。

そもそも、成長ホルモンは脳の中央部にある下垂体という器官でつくられ、人間の成長を促しています。子どもから大人になる過程で、骨や筋肉が大きくなっていくのも成長ホルモンのおかげです。

ところが、人間の体はだいたい二十歳で成長が完了するといわれ、そのころを境に成長ホルモンの分泌量は著しく低下してしまいます。成長ホルモンがもっとも多い十代のころに比べると、四十代、五十代では五分の一以下にまで低下しています。

十代、二十代の人が若々しいのは、成長ホルモンをたくさん分泌しているからで、成長ホルモンが少なくなれば、それだけ老化が進むというわけです。

成長ホルモンは骨や筋肉の成長を促しているだけでなく、体脂肪を分解する働きももっています。そのため、老化とともに体脂肪を分解する機能も衰えていきます。中高年の男性を中心に、以前と同じ量の食事をしているのに太りやすくなったと感じる人は多いでしょう。それも成長ホルモンの減少が大きく関係しています。

もちろん、老化を完璧に防ぐことはできません。ですが、誰もがみな同じように老化していくかといえば、そこには大きな差があります。

自分の周囲を見渡しただけでも、同じ歳なのにあの人は若々しいとか、老けていると感じることがあるはずです。

その差を生み出している正体こそ、成長ホルモンなのです。

いま現在、自分が年齢以上に老けていると感じている人も、あきらめる必要はありません。成長ホルモンの分泌量ははじめから決まっているのではなく、その人の筋肉量やライフスタイルによっても大きく違ってきます。成長ホルモンがたくさん分泌するような生活をしている人は若く、成長ホルモンの分泌を妨げる生活をしていれば老けていく。じつに単純な構造です。

ゴルフのプレースタイルによっても、成長ホルモンの分泌量は違ってきます。**ラウ**

ンド途中の昼食でビールを飲み、プレー中はもっぱらカートで移動する。こんなゴルフをしていては、成長ホルモンはほとんど分泌されません。自ら進んで老化を促進させているようなものです。せっかく緑がいっぱいのゴルフ場に出かけ、太陽の下で朝から体を動かしているのに老化が早まるなんて、これほどもったいない話はありません。同じやるなら、ぜひ「若返るゴルフ」をやるべきではないでしょうか。

男女の区別なく、一定の歳をとれば誰だって若くありたいと思うものです。見た目の若さはもちろん、内臓や脳が若いという点も重要です。心臓病、脳卒中など、年齢とともにリスクが高まる病気も結局は老化がいちばんの原因です。血管を含めた内臓、脳、皮膚、視力などを若々しく保つことができれば、それだけ病気のリスクは軽減できます。

そのためには成長ホルモンを分泌しやすい生活が不可欠です。

「若返るゴルフ」と「老いるゴルフ」があるように、日常生活にも「若返る生活」と「老いる生活」があります。結局のところ、成長ホルモンをより多く分泌できる方法を知れば、「若返る生活」ができるのです。

一日一回、体温を一度上げなさい

成長ホルモンは一日中同じように分泌されているのではなく、一日のなかでも変化しています。眠りについてから三十分後と、運動後二十分〜三十分後に成長ホルモンは多く分泌されることがわかっています。

そこでまず、毎日運動をすることで成長ホルモンの分泌を促しましょう。運動の目

運動は、成長ホルモンを分泌させるもっとも手っ取り早い方法です。

安とするのが、体温が一度上がるというレベルです。

若返る生活の基本は、一日一回、体温を一度上げることです。

なぜなら、体温を上げると成長ホルモンが分泌しやすくなる。つまり、体温が上がりやすい体をつくれば、それだけアンチエイジングにつながるというわけです。

とはいえ、日ごろから体温を気にして、きちんと測っている人はあまりいません。基礎体温を測っている女性を除くと、ほとんどの人が自分の体温など気にせずに生活していることでしょう。そんな人たちにとって、運動前と運動後に毎回検温するのも

面倒でしょうから、うっすら汗をかく程度に運動することを目安にしてください。当然個人差はありますが、汗ばむ程度まで体温が上昇していれば、成長ホルモンを分泌させる効果は十分に得られるでしょう。

日常的には汗ばむ程度という基準で運動していれば十分です。ですが、たまには運動前と運動後の体温を測ってみることをおすすめします。どの程度運動すれば、体温が一度上がるのかを体感できます。

体温が上がりやすい（成長ホルモンが分泌しやすい）体をつくるには、筋力を鍛えるのがもっとも効果的です。体の中でいちばん多く熱を生産しているのが筋肉だからです。

筋力アップというと、大げさに考えて敬遠する人もいますが、ジムに通って一〇〇キロのバーベルを持ち上げることばかりが筋力トレーニングではありません。ジムに通わなくても十分に筋肉を鍛えることはできます。

おすすめは歩くことです。

人間の筋肉の七〇％は臍《へそ》から下にあるので、しっかり歩いて下半身を鍛えることは非常に有効です。**一日三十分程度歩くことが日常化していれば、アンチエイジングな**

ライフスタイルといえます。ゴルフ場でカートに乗らずに歩くことが大事だと主張するのも、突き詰めれば成長ホルモンの分泌を促すためです。

また、歩くという行為は基本的にはいくつになってもできます。一日に一時間、あるいは三十分でも歩く習慣をつければ一生の宝になります。スポーツジムで一〇〇キロのバーベルを持ち上げるよりも、長期的に見れば大きな価値があるでしょう。

同様に、一生続けられるスポーツといえば、やはりゴルフでしょう。「ゴルフは年配者がやるもの」というイメージには賛同できませんが、年齢を問わずに楽しめるスポーツであることは明らかです。ゴルフをやる人は、それだけ体温を一度上げる機会に恵まれています。だからこそ、ゴルフ場ではつねに体温を上げることを意識してください。入念に準備運動をするとか、自分の足で歩く、ボールの近くまで行ったら短い距離を駆け寄ってみるなど、体温上昇のチャンスはいくらでもあります。ぜひ、有効利用してください。

とはいえ、ゴルフをプレーするのは、多くても月に数回でしょう。やはり、日々の生活にどれだけ運動を組み込めるかがポイントです。

では、毎日運動するのはたいへんだという人は、どうすればよいのでしょうか。

入浴時に三十分程度ゆっくり湯船につかる。これを毎日の習慣とするのです。

なぜ三十分なのかというと、体全体の血液が温まるにはそれくらいの時間が必要だからです。長風呂が苦手という人もぬるめの湯でかまわないので、湯船に三十分つかることを毎日の習慣としてください。

できればおすすめしたいのは、やはり日常的に体温を測ることです。お風呂に入る前後に測って、体温の差をチェックしてみてください。女性は比較的、体温を測ることが習慣になっている人が多いものですが、男性は「最近、体温計なんて見たこともない」という人も少なくないのではないでしょうか。

このような体温を一度上げるという行為を、一日のうちのどの時間帯にやるかによっても、アンチエイジング効果は違ってきます。

もっとも効果的なのは寝る前です。

前述したとおり、成長ホルモンの分泌は就寝三十分後にピークに達します。そのタイミングに合わせて、寝る前に運動したり、入浴したりして体温を一度上げておくと、睡眠との相乗効果で成長ホルモンはさらに分泌されるようになるのです。

低体温はすべてがマイナスに働く

一日一回、体温を一度上げるという提案に関連して、最近問題となっている低体温についても述べておきましょう。

あなたは自分の基礎体温が何度か知っていますか。ちなみに基礎体温とは一日でもっとも低いときの体温のことで、一般的には朝起きてすぐに測る体温のことです。

もし、基礎体温がまったくわからないという人は、一度測ってみてください。そのとき、三六度六分〜八分あれば正常です。ところが、現代では低体温の人が多く、三六度台前半、あるいは三五度台という人も増えています。

コンディションの悪さを自慢する日本人気質というわけではないでしょうが、「私は三五度五分しかないの」と笑いながら話す人もいます。アンチエイジングの観点から見ても低体温は改善しなければならない大きな問題です。

体温が一度下がるとどのような影響が出てくるかを考えてみましょう。

まず、免疫力は約三〇％低下するといわれています。風邪やその他の病気にかかりやすくなり、治りにくくなります。続いて、基礎代謝量は約一二％低下します。エネルギーの燃焼効率が落ちるので、太りやすくなり、単純計算では一か月で一〜二キロ体重が増えます。さらに、インシュリンの効きも悪くなり、糖尿病の発生リスクが高まります。そのほか、筋骨格系、内分泌系、消化器系、心血管系など、すべての器官でマイナスに働き、いうまでもなく成長ホルモンも分泌しにくいコンディションになっていきます。

また、うつ病などメンタルな病気にかかりやすいのも低体温の人が多いといわれています。実際、私の病院に来られる患者さんのなかでメンタル面に問題を抱えている人は、基礎体温が明らかに三六度を下回るケースが多いのです。低体温というのは、想像以上に深刻な事態を引き起こす可能性があるので、できるだけ改善するように心がける必要があります。

なぜこんなにも低体温の人が増えているのでしょうか。

いちばんの原因は環境です。夏でも冬でも、エアコンの効いた部屋に二十四時間いて、太陽に当たることなくパソコンの前で仕事をする。さらに、運動不足が重なって、日本人の平均体温はどんどん下がっているのです。

夏にエアコンの効いた涼しい部屋にいて、運動することもなければ、汗をかく機会が失われます。人間の体温を調節しているのは脳の視《し》床《しょう》下《か》部《ぶ》にある体温中枢という器官ですが、まったく汗をかかないことによって、この器官が正常に機能しなくなってしまうのです。

低体温は健康の大敵です。食事や睡眠など二次的な要因もありますが、まずは汗をかく習慣が必要です。最低でも汗ばむ程度に運動をして体温を一度上げるのは、低体温解消にも役立ちます。ぜひ今日からでも実践してみてください。

食べてから寝るまでに四時間あける

就寝後三十分と運動後二十〜三十分に、成長ホルモンがもっとも多く分泌されるという話はすでにしました。

しかし、就寝時に効率よく成長ホルモンを分泌するには一つの条件があります。

それは空腹で眠るということです。**何かを食べてから寝るまでに最低四時間あけることが大事なのです。**

ダイエットに関する話などで「運動をして脂肪を分解する」という表現を聞いたことがあると思います。そういわれるとおり、体の中には脂肪を分解する働きがあります。同時に、体内には脂肪を蓄積する働きもあります。

脂肪を分解するとは、中性脂肪をグリセロールと脂肪酸に分けて、これらをエネルギーとして使ってしまうことです。この働きが起これば、当然脂肪はなくなり、やせる方向へ進みます。この働きをカタボリズム（日本語では異化反応）といいます。

一方、食べ過ぎなどの理由で余剰のエネルギーがあると、カタボリズムとはまったく反対に働き、余ったエネルギーを中性脂肪として体内に蓄積しようとします。これをアナボリズム（同化反応）といいます。

単純化して図式で表すと、次のようになります。

カタボリズム→脂肪燃焼　→　やせる
アナボリズム→脂肪蓄積　→　太る

十代のころは成長ホルモンの分泌量も多く、たくさんのエネルギーを消費しながら生活しています。体内に脂肪を蓄える暇がないほどに、どんどん消費されています。まさに、カタボリズムの連続です。

ところが、歳をとるとエネルギー消費量も減り、体に中性脂肪を蓄える働きがどんどん優位になってきます。腰回りに脂肪がついてくるのは、繰り返しアナボリズムが起こっている証拠です。

成長ホルモンの分泌により、カタボリズムは促進されますから、就寝後三十分のもっとも成長ホルモンが出てくる時間帯は、カタボリズムがもっとも活発になる、つまり中性脂肪が分解される時間帯なのです。

ところが、空腹でない（食べてから四時間経っていない）状態で寝てしまうと、成長ホルモンが分泌されず、アナボリズムの状態になってしまう。つまり中性脂肪が蓄えられ、太ってしまうのです。

図式で表すと次のようになります。

空腹　↓　カタボリズム　↓　やせる
満腹　↓　アナボリズム　↓　太る

成長ホルモンの分泌が上昇するには、空腹であることが必要です。だからこそ、食事から四時間以上あけて就寝することが大事なのです。

この四時間という数字は科学的な根拠のある数字で、食後二、三時間で就寝したのでは成長ホルモンの分泌や効果が抑えられてしまいます。

忙しく、不規則な生活をしていると、食べてから寝るまでに四時間あけるのは案外むずかしいものです。一般のサラリーマンで夜九時や十時に帰宅して、それから夕食を摂《と》り、十二時すぎに寝るという生活を送っている人も多いと思います。しかし、それではアナボリズムに働き、どんどん中性脂肪をため込んでいってしまいます。世の中ではメタボリックシンドロームが話題となっていますが、まさにメタボリックへ一直線の生活習慣といわざるを得ません。

アナボリズム、カタボリズムの観点から見ても、ゴルフの前夜に遅くまで飲食するのは、大きな問題です。翌朝、早起きしなければならないことを考え、飲んで帰った後はすぐに寝てしまう人が多いはずです。**就寝後三十分は、本来なら成長ホルモンが分泌されて、アンチエイジングな働きをする時間ですが、満腹のまま寝ている人にと**

っては脂肪を蓄える時間になっています。はっきりいえば、どんどん老化している時間というわけです。

深夜十二時に就寝するのであれば、やはり遅くても八時には食事をすませておくことが必要です。その後、ゆっくりと時間を過ごして、**三十分程度運動をして汗をかき、そして風呂に入り、湯船に三十分浸ってから寝る。**これがアンチエイジングな生活です。この習慣を続けていれば、やせることはもちろん、若々しさを維持することもできるでしょう。

まずは、ゴルフをきっかけにして、この生活習慣にチャレンジしてみてはいかがでしょうか。ゴルフの前夜は飲みに行かない。そして、できるだけ早い時間に夕食をすませて、四時間以上経ってから寝る。これだけでも実践してみる価値はあります。

翌日ゴルフへ一緒に行くメンバーと飲みに出かけるという人もたまに見かけますが、これは論外です。「老いるゴルフ」「老いる生活習慣」を共有する「老いるゴルフ仲間」というわけです。もし、あなたもそんなグループの一員だとしたら、この本で知った内容をみなさんにも教えてあげてください。そして、「ゴルフで若返る人」の仲間を増やしていこうではありませんか。

のどが渇いているときにビールを飲むな！

夏場、のどが渇いたときにビールを飲むのを生きがいのようにしている人がいます。たくさん汗をかいて、体の水分が不足してきたところで、ビールを飲むのは最高な気分かもしれません。

しかし、この場合ビールは水分補給になるどころか、脱水を進ませているということをしっかり覚えておいてください。

人間は体の七割が水分でできているという話を聞いたことがあると思います。それだけ水分を補給する必要があります。ところが、ビールであれ、焼酎であれ、お酒を飲んでも、水分補給にはなりません。**水分補給どころか、アルコールは脱水を進ませるので、のどが渇いているときにビールを飲むのは危険な行為なのです。**

脱水を進ませるという点では、お茶やコーヒーに含まれるカフェインについても同様です。「のどが渇いた」といっては、お茶やコーヒーばかり飲んでいる人がいますが、じつは水分補給になっていません。

お茶やコーヒーをまったく飲んではいけないといっているわけではありませんが、水分を補給するという目的でカフェイン入りの飲料を飲むのは避けるべきです。飲むべきは良質な水です。

それも一日二リットルの水を飲むことが大切です。ダイエットの本などにも水をたくさん飲むように書いてありますが、世界中のアンチエイジング関連の本にも同じことが書いてあります。ベストセラーになった『病気にならない生き方』（新谷弘実著、サンマーク出版）でも、朝起きてすぐに五〇〇ミリリットルの水を飲むことを奨励しています。

さらに、通称エコノミークラス症候群といわれる静脈《じょうみゃく》血栓《けっせん》塞栓症《そくせんしょう》を防ぐにも、機内で水を飲むことが大切です。このとき、お酒、コーヒー、お茶を飲むのではなく、水が必要なのです。コーヒーやお茶を飲みたい人は、十分な水分を摂ってから飲むようにしてください。アルコールやカフェインでは、水分を摂っているようでも、体内ではむしろ脱水へと向かっていることを肝に銘じてください。

ゴルフ当日、ゴルフ場まで長距離ドライブをしなければならないというケースもあるでしょう。そのとき、朝が早いからといって眠気覚ましにコーヒーを飲むのは考えものです。このように脱水が進んだ状態で、長時間同じ姿勢で運転するとなれば、エコノミークラス症候群のリスクが高まっているとも考えられるからです。

朝はしっかりと水を飲み、脱水症状にならないよう気をつけてください。

水だけではミネラルを補給できない

脱水を防ぐために水を飲むことは大切です。

しかし、大量に汗をかいたときに失われるミネラルは、水だけでは十分に補うことができません。夏場など特に発汗量の多いときには、失われたミネラルを補給しなければなりません。

夏、炎天下で一八ホール歩いてプレーすれば、たくさんの汗をかきます。汗をかいて、体温が一度上昇していれば、体内ではすべてプラスに働いています。心血管系などにもいい影響を与え、まさに「若返るゴルフ」です。

ただし、このときにはカリウムとナトリウムというミネラルが失われていることを忘れてはいけません。**ミネラルが極端に失われた状態のとき、水だけを飲んでいると、**

体の中ではカリウム、ナトリウムの濃度がさらに低下する危険性があります。

まず、カリウムの濃度が低下すると、手足がしびれてきます。心臓の不整脈を誘発しやすくなるので、突然死を起こす原因ともなります。二〇〇三年、サッカーのコンフェデレーションズカップの準決勝で、カメルーン代表のフォエ選手が試合中に倒れ、死亡したという事故がありました。日本代表も参加した大会なので、記憶している人も多いのではないでしょうか。フォエ選手の死因は心臓発作と発表されましたが、記録的な猛暑によるカリウム不足もその一因だといわれています。

一方、ナトリウムが不足すると、頭がぼんやりするなど、意識障害の原因ともなります。

ゴルフに限らず、夏場のスポーツでは熱中症で倒れるなどのニュースが必ず話題になりますが、水分補給と同時に、ミネラルも摂らなければいけないということをしっかり認識しておいてください。

水分とミネラルを補給するには、アイソトニック飲料（スポーツドリンク）が最適です。昔は、水を飲んで塩を舐めるといいともいわれていましたが、いまなら市販のアイソトニック飲料を飲むのがもっとも現実的でしょう。

トイレに行ったら、おしっこの色を確かめる

水とアイソトニック飲料はどのように飲み分ければいいのでしょうか。

一つの目安は発汗量です。

夏場、いままさにプレーの最中というときには、汗をいっぱいかいて、シャツもぐっしょり濡れているはずです。こんなときには、ぜひアイソトニック飲料を飲んでください。

ただし、プレーをする前の段階でまだそれほど汗をかいていない状態、あるいは昼食時には水で十分です。また、冬場のゴルフでは夏のようにぐっしょり汗をかくことはないでしょうから、よほどのことがないかぎり水を飲んでおけば大丈夫でしょう。

もう一つ、水とアイソトニック飲料を飲み分けるためのサインがあります。おしっこの色です。

普段、おしっこの色がいつも同じという人はいないでしょう。ほとんど透明なおしっこが出るときもあれば、非常に濃い黄色のおしっこが出るときもあるはずです。

ゴルフなど、スポーツをしているときに濃い黄色のおしっこが出たら、これは脱水のサインです。アイソトニック飲料を飲むべきタイミングです。

一般にゴルフ場では、ショートホールごとにトイレが設置されています。全一八ホールのうち、前後半にそれぞれ二か所ずつトイレがあります。正しく水分補給をしながらプレーしていれば、トイレがあるごとに行くくらいの頻度でいいでしょう。ラウンド中に一回もトイレに行かないのは、これはもう脱水状態です。特に注意しなければなりません。

そして、トイレに行ったら、おしっこの色をしっかりチェックしてください。

風邪をひいたり、高熱が出ているときなどに濃い黄色のおしっこが出ますが、それに似た色のおしっこが出るようなら、すぐにアイソトニック飲料を飲んでください。透明に近いおしっこなら水を飲んでおけば大丈夫です。

ラウンド後にサウナに入って、大量に汗をかいたときも、できればアイソトニック飲料を飲んでください。間違っても、水分とミネラルを補給することなしに、お酒を飲むようなことはしないでください。**ビールで水分補給をしているつもりでも、アルコールは脱水を進ませます。**風呂上がりに気持ちよくビールを飲みたい気持ちはわかりますが、体のことを考えれば、アイソトニック飲料で水分とミネラルを補給することが先決です。

ただし、アイソトニック飲料でミネラル分を補給するという話は、あくまでも健常者のケースを想定しています。高血圧の人は必ず医師に相談してください。高血圧の人がアイソトニック飲料を飲むと、ナトリウムの過剰摂取になり、さらに血圧が上がるということもあり得ます。そうでなくても、ゴルフの場合、ドライバーショットを打つ瞬間には、収縮期血圧（高いほうの血圧）が二〇〇近くまで上がり、パッティングをするときには二〇〇を超えている人もいます。高血圧の人は、プレーするうえでの注意点、水分補給の仕方などについても、一度しっかり確認しておくことが必要でしょう。

プレー前に「枝豆」「タラコ」「梅干し」を食べなさい

水分の話が出たところで、食事についても考えてみましょう。

ラウンド当日など活動量の多い日に、効率よくエネルギーを得て、疲れにくくなるおすすめの食事があります。

クエン酸サイクルという言葉を聞いたことがあるでしょうか。ドイツの科学者ハンス・クレブスという人が発見したサイクルですが、かんたんにいえばエネルギーを得るために人間の体内で起こっている働きのことです。この発見により、クレブス氏は一九五三年にノーベル生理学・医学賞を受賞しています。それだけ科学的に根拠のある話です。

クエン酸サイクルでは、食事などで摂った糖質や疲労の原因となる乳酸などを分解して、エネルギーに変える動きをします。つまり、クエン酸サイクルが活発に回っていれば、それだけエネルギーを得やすく、疲れにくくなります。ゴルフなど普段よりも運動をする場合には、特にしっかりとクエン酸サイクルを回して、疲れ知らずでラウンドしたいものです。

クエン酸サイクルを効率よく回すには、三つの物質が必要です。一つはナイアシン(ニコチン酸アミドともいいます)、もう一つはビタミンB_2(ニコフラビンともいいます)、そして最後がクエン酸です。

では、ナイアシン、ビタミンB_2、クエン酸を含んだ食品とは、どんなものでしょうか。

まずはナイアシンです。これをたくさん含んでいる食品は、ちょっと意外に思われるかもしれませんが、じつはタラコです。ほかにも、ナイアシンを含んでいる食品はありますが、含有量から考えると圧倒的にタラコがいちばんです。ちなみに、明太子になるとナイアシンはなくなってしまうので、注意してください。あくまでもタラコ。タラコであれば、生でも、焼いたものでも大丈夫です。

続いて、**ビタミンB_2を含む代表的な食品は豆類です。**枝豆とか、インゲン豆など豆の種類にはこだわりません。

ちょっと話はそれますが、スポーツ選手などが「ニンニク注射」をするという話題をテレビや雑誌などでみかけたことがあるでしょう。パワーを必要とするアスリートが、ニンニク成分を直接注射していると思っている人も多いようですが、じつはまったく違います。いわゆるニンニク注射とは、ビタミンB_2を注射しているのです。ビタミンB_2を点滴で入れるときに、ニンニクのような臭いがするので、そう呼ばれるようになっただけです。スポーツ選手がニンニク注射をするのも、クエン酸サイクルを利用して、疲労回復を図っているのです。

さて、最後はクエン酸です。クエン酸といえば、すっぱいものという印象をもっている人も多いでしょう。そのとおり、クエン酸を含む食品の代表は梅干しです。

要するに、クエン酸サイクルを効率的に回そうと思ったら、豆類、タラコ、梅干しを食べることです。このうち、どれか一つが欠けても、クエン酸サイクルはうまく回らないので、三つを一緒に摂ることが大切です。

そこで私は、ゴルフの当日には、勝負食事と称してスペシャルおにぎりを作って、食べるようにしています。炊いたご飯にタラコと茹《ゆ》でた枝豆をまぶして、中には梅干しを入れます。ちょっと変わった取り合わせのようですが、このスペシャルおにぎりを朝食に二、三個食べれば、その日はエネルギーが満ちて、疲れ知らずになります。

必ずしも、自分でスペシャルおにぎりを作らなくても、コンビニエンスストアなどで売っている枝豆と、タラコ、梅干しのおにぎりを食べればそれで十分です。

もっとかんたんな方法もあります。市販されている滋養強壮飲料にはたいていナイアシンとビタミンB_2が入っていて、つまりタラコと豆類に関しては、滋養強壮飲料で代用できるのです。あとは梅干しのおにぎりを食べれば大丈夫でしょう。**ゴルフの当日の朝は、滋養強壮飲料を飲み、梅干しのおにぎりを食べる。たったこれだけのこと**

で、一日の疲れ具合がまったく違ってくるのです。

ちなみに、滋養強壮飲料は高価なものである必要はありません。含有量に若干の違いはありますが、クエン酸サイクルを効率的に回すという意味では、三〇〇円程度の滋養強壮飲料でも事足ります。二〇〇〇円、三〇〇〇円もするようなものをわざわざ買う必要はありません。

ノーベル賞学者提唱のクエン酸サイクルを活用する

私自身、二〇〇六年の一年間で、クエン酸サイクルがどの程度効果があるのかを自分で何度も試してみたので、その実験結果をご紹介しておきます。

実験方法は、ゴルフへ行く日に①朝食を食べない、②一般的な朝食を食べる、③豆類、タラコ、梅干しを食べる、という三つのパターンに分けて、どのくらいエネルギーが持続するかをチェックするというものです。

朝食を食べないのはよくないことですが、あくまでも実験として私はやってみたわけです。みなさんはまねしないでください。もちろん、ゴルフ場ではカートを一切使わず、すべて自分の足で歩きます。

まず、朝食を食べないケースでは、もう最初の二ホールが終わった段階で、ふらふらになってきました。完全にエネルギー不足で、昼食を食べるまでは各ホールをなんとかやり過ごすのが精一杯でした。ゴルフとはいえ、起伏のあるところを登ったり降りたりするわけですから、登山に似たようなところもあります。朝食抜きで、そんなことをするのは本当に危険なことだと痛感しました。

次に、一般的な朝食を食べたパターンです。ご飯に味噌汁、鮭の切り身といった普通のお店で出してくれる朝定食のようなメニューです。

しっかり朝食を摂っていくと、一八ホールをラウンドすることはそれほど問題なくできました。ところが、その後にサウナに入ったら、一気に疲れが出てきて、眠くなってしまいました。実際、一、二時間寝てからでないと、とても運転して帰れる状態ではありませんでした。

最後は、クエン酸サイクルを効率よく回す勝負食事をしたケースです。

やはり、この方法がもっともエネルギーが持続しました。まったく疲れを感じなかったともいえます。一八ホールをきっちり回るのはもちろん、その後サウナに入っても、疲れや眠気を感じることなく運転して帰ることができました。**帰宅後もエネルギーが残っていて、ゴルフの練習に行くことすら可能でした。**

そして、深夜十二時になったところで、まるで電気が消えたようにエネルギーが切れて、寝てしまいました。

例の勝負食事（豆類、タラコ、梅干し）を摂ったのが朝の六時なので、十八時間エネルギーが持続した計算になります。数値的な部分は私個人の実験結果ですが、エネルギー効率がよく、疲れにくいことは明らかです。

朝食抜き、一般的な朝食、クエン酸サイクル用の朝食という三パターンは、それぞれ五回程度は繰り返して実験しました。その日のコンディションによって微妙な差異はあるにせよ、おおかた似たような結果を毎回得ました。

ここで気をつけてほしいのはお酒を飲まないことです。結論からいうと、アルコールを摂ってしまうと、せっかくの勝負食事も効果がでません。

アルコールが体の中で、まずアセトアルデヒドに分解され、その後酢酸《さくさん》に分解されるという話はすでに述べました。この分解の際、体内ではアルコール分解酵素が活躍しています。そして、アルコール分解酵素の働きを助ける補酵素として、ビタミンB_2

が消費されます。つまり、せっかく豆類でビタミンB_2を摂取しても、アルコールの分解に使われてしまうと、クエン酸サイクルを回すことができないというわけです。

朝から昼までの前半九ホールは調子よくラウンドしていたのに、昼食時にビールを飲んだばかりに午後のホールはまるっきりダメだったという経験のある人も多いはずです。その理由がかんたんに説明できます。

ビールを飲んでビタミンB_2が消費されてしまうのは、スポーツ選手がニンニク注射を打つのとまったく反対のことをしているということです。わざわざ、疲れやすくしているようなものです。アルコールはいつ摂っても加齢を促進しますが、スポーツ時に飲むのは論外です。

さて、ゴルフのようにスポーツをするときだけでなく、夜遅くまで残業しなければならないというシーンにも、クエン酸サイクルは活用できます。

ただし、豆類、タラコ、梅干しだけでは、夜遅くになるとどうしても眠くなる可能性があります。眠くならないためには、カフェインを少し摂取する必要があるでしょう。

前述のとおり、カフェインは脱水を進ませるなど、アンチエイジングの観点からもおすすめはできませんが、特別にがんばらなければならない例外的なケースとして、クエン酸サイクル用の食事＋カフェインは有効です。**たいていの滋養強壮飲料にはカフェインが入っているので、これに梅干しを二個くらい食べればいいでしょう。**

また、ここで紹介した豆類、タラコ、梅干しという食事は、あくまでも勝負食事だということを忘れないでください。ゴルフなどの運動をするとき、それも一八ホール分カートに乗らずに自分で歩くことが前提です。いつもエネルギーいっぱいに暮らしたいからといって、毎日この食事を摂るのは過剰摂取になります。タラコはコレステロールが高いので動脈硬化を促進する危険性があり、梅干しも塩分が高いので高血圧のリスクがあります。高コレステロール、高血圧の人は、やはり事前に医師に相談することが必要です。

冬場のゴルフで気をつけるべきこと

飲み物、食事と解説してきたので、次は服装について話を進めましょう。

服装に関して気をつけるところは、夏と冬ではまったく違います。何度も述べているように、夏のゴルフで注意すべきは大量発汗による脱水症状です。そのため通気性のよい服装をして、水分とミネラルの補給をしっかりする。これが夏のゴルフの鉄則です。

では、冬のゴルフはどうでしょう。

歳をとるほどに注意が必要なのは、じつは冬のゴルフのほうです。冬は寒いのでどうしても交感神経系が緊張しています。交感神経系については後に詳しく説明しますが、交感神経系が刺激されると血圧が上がります。つまり、冬のゴルフは血圧が上がりやすく、脳や心臓の疾患を起こすリスクが高いのです。事実、冬場は脳梗塞《のうこうそく》、脳出血、心筋梗塞《しんきんこうそく》、狭心症などにかかる人が非常に増えます。冬場のゴルフで突然死がけっこう多いのも、これらが主な原因です。

冬のゴルフでは暖かい格好をすることが絶対条件です。少し動くと汗をかくからといって、比較的薄着のままプレーする人がたまにいますが、汗ばむくらい暖かい格好を心がけてください。

また、冬こそしっかり準備運動をして、ラウンド前に体温を一度上げるようにしておかなければなりません。体温を一度上げるくらいの準備運動をすれば、当然うっすらと汗をかきます。そのくらいでちょうどいいのです。寒いからといって、適当に手首や足首を回した程度では、汗をかくどころかまったく体は温まっていません。

そんな状態でラウンドをスタートするのは非常に危険です。ただでさえ寒さで血圧が上がりやすいのに、ドライバーやパターのときにはさらに血圧は上がります。普段から高血圧の人はもちろん、自分は健康だと思っている人でさえハイリスクな状況であることに違いはありません。**普段から気をつけている人よりも、「自分は大丈夫」と過信している人のほうがむしろ危険度は高いかもしれません。**

以前、知り合いの医師から聞いた話ですが、医師会のゴルフコンペで医師が一人倒れたことがあったそうです。寝不足が主な原因のようでしたが、準備運動不足に加え、昼にはお酒を飲んでいましたので、それらが複合的に働いたのだと思います。医者がそんな状態なのはじつに問題ですが、反面教師として、ぜひアマチュアゴルファーのみなさんも冬のゴルフには十分注意してください。

薄着や準備運動不足によって体が温まっていないことが、脳や心血管系にどれだけ悪い影響を及ぼすのかをしっかりと意識することです。また、冬場でも、気温が上がってくる日もあるので、上着を一枚脱ぐなど、体温調整のしやすい服装をすることも大切でしょう。

ここでも、カートに乗らないことは絶対条件です。

寒い時期のゴルフでは、ショットを打ち終わると「寒い、寒い」といいながらカートに戻ってくる人がたくさんいます。これではさらに体は冷え、筋肉や関節も硬くなってしまいます。脳や心血管系の問題が発生するリスクを高めるばかりか、筋骨格系にもトラブルが起こりやすくなります。

これこそ典型的な「ゴルフで老いる人」のゴルフです。高いお金を払って、わざわざゴルフ場まで来ているのに、老化を進めるだけなんて愚かだと思いませんか。「老いるゴルフ」はいますぐやめて、しっかり自分の足で歩き、体を温めながら、健康的なゴルフを楽しんでください。

「歳をとったな」と実感するのは目の老化から

服装に関連して、紫外線対策についても触れておきましょう。

あとで詳しく述べますが、ゴルフ場で日光を浴びるのは本来、体にいいことです。

骨が強化され、アンチエイジングにつながります。ゴルフ場に限らず、日常生活から積極的に太陽の下で歩く習慣をつけることは若さを保つためにも大切です。

しかし、太陽光を浴びるときに問題になるのが紫外線です。

やはり紫外線は体に悪い影響を及ぼすので、サングラスをかけたり、帽子をかぶるなどの対策を講じる必要があります。最近では、紫外線をカットする衣服も出ているので、その種のアイテムを利用するのもいいでしょう。

慶応義塾大学医学部の眼科教授で、アメリカのアンチエイジング認定医でもある坪田一男先生は、目の老化や白内障の予防として、目全体を覆うサングラスを着用されています。顔とメガネの隙間も埋めるようなサングラスをかけることで、紫外線を完全にシャットアウトしてしまうほどの徹底ぶりです。専門分野だけあって、さすがという思いはありますが、一般の人はなかなかそこまでできないかもしれません。とはいえ、サングラスをかけ、帽子をかぶることくらいはすぐにできることなので、実践するようにしてください。

目の問題は、もっとも老化を感じやすいものの一つです。いままではっきり見えていたものが見えにくくなれば、「歳をとったな」と実感するでしょう。

世界でも有名なゴルファー、ジャック・ニクラウスが引退した理由も、目が悪くなったからでした。パッティングをするとき、グリーンの芝目が読めなくなったのです。ニクラウスが引退したのは彼が六十五歳のときでしたが、ドライバーショットの飛距離は二五〇ヤードありましたし、アイアンショットの技術も問題ありませんでした。シニアツアーに参戦するうえでは、十分な能力をもっていたにもかかわらず、唯一老眼のために引退を決意したのです。

目の老化はどうしても進行するものですが、老化が進まないように気をつけることはできます。現代人の多くがいかに目に悪い環境にいるのかを意識して、たまには目を休めることも必要でしょう。

驚異の視力をもつケニアの学生

視力に関連して、おもしろいエピソードをご紹介しましょう。

私が学生のころ、医学部の交換留学生としてケニアの学生が数名来たことがありました。自然の多い地域で生活している人たちの視力のよさについては、テレビでも伝えられていますが、彼らも例外ではありませんでした。実際に視力検査をしてみると、三・〇とか、三・五は当たり前で、すごい人になると四・〇という視力の持ち主もいました。彼らくらいのレベルになると、東京タワーの展望台から地面を走るタクシーの運転手の顔まで識別できるといっていました。

まさに、驚異の視力です。

そんな彼らも、大都会東京へやってきて、二十四時間キラキラと電飾が光る街で暮らし、長時間パソコンを使う生活をしていると、三週間の留学期間中にみるみる視力が低下していくのです。

どのくらいの視力になったと思いますか。

測ってみると、一・二や一・五まで低下していました。おもしろかったのは彼らの反応で、検査後に「失明した、失明した」と大騒ぎでした。一・二といえば、正常な視力で、一般には「目がいい」とされるレベルですが、彼らにとっては大問題だったのでしょう。

それよりも、三週間という短期間で視力が半分以上も低下してしまう環境にこそ問題を感じました。

テレビ、パソコン、ゲームが普及し、外に出ても高い建物だらけ、夜になっても電飾が光り続けているような環境が、目にいいはずはありません。そんなことはずっと前からわかっていたことですが、ケニアの学生たちの視力低下を目の当たりにすると、改めて環境の悪さを思い知らされました。

昔からよくいわれるように、緑の多いところで遠くを見るようにするとか、一日三十分星を見るというのも、目にいい影響を与えます。

とはいえ、ゴルフ場で遠くを眺めるようにすれば、すぐに目がよくなるかといえば、それほど即効性はありません。一年三六五日、ゴルフ場へ行くのなら話は別ですが、月イチゴルフ程度では、なかなか改善しないのが現実です。

最近では、十代の子どもでもメガネやコンタクトレンズを使っているケースが増えています。そんな子どもたちに、三十分、星を見るような習慣をもたせることは意味があるといえるでしょう。視力がよくなるというよりは、悪くならないように気をつけるということです。

「ファー」と聞こえた方向を見てはいけない

老化とともに視力は落ちています。同時に、ものを見てから認識するまでの時間も長くなっています。

人の顔を見たときのことを考えてみましょう。

通常、知り合いの顔を見れば、とっさに「〇〇さんだな」とわかります。もっとも、老化の代表格でもある「物忘れ」については、脳のアンチエイジングのところで解説するので、このケースでは「人の顔を認識する」という部分に焦点を絞って考えていきます（誰だか思い出せない場合というのは考えないこととします）。

じつは、人の顔を見てから「〇〇さんだな」と認識するまでの時間が、歳とともに長くなっているのです。この速度は、脳磁図《のうじず》という検査を受けることで測定することができます。脳の中には視覚野《しかくや》といって、見たものを認識している部分があります。何かものを見たときには、この視覚野に電気信号が届くことによって、ものの存在を認識しています。脳磁図ではこの電気信号の速度を計測します。

その結果、人の顔を認識する速度は、一年で毎秒〇・三ミリメートルずつ遅くなっていくことが明らかになりました。

人の顔ではなく、動いている物体を認識する速度は、さらに老化が早く進みます。この場合では、一年で毎秒〇・六ミリメートルずつ遅れていきます。十年で六ミリ、三十年では毎秒一八ミリメートル、認識が遅くなっています。

ゴルフ場では、人のいる方向へボールが飛びそうになったとき、「ファー」という声をかけて危険を知らせます。

ここで問題となるのは、後ろから「ファー」という声が聞こえたときのリアクションについてです。たいていの場合、「ファー」という声がしたほうを振り向き、ボールの存在を確認しようとします。自分のほうへ飛んでこないことを確認できれば問題ありませんが、もし自分へ向かっているとしたら、そのボールをよけなければなりません。

しかし、歳を重ねるごとにボールを認識する速度は遅くなっています。さらに、ボールを確認してからよけるまでの反応速度も低下しています。これは外国での事例ですが、「ファー」と聞こえたほうを振り向いたら、ボールが顔面に当たり、それが運悪く目を直撃して失明したという事故がありました。

ものを認識し、反応する速度は年々衰えているので、「ファー」という声を聞いても、聞こえた方向を振り向かないことです。万が一の可能性を想定するなら、頭を抱えるようにして安全を確保することのほうがよほど大切です。

太陽を浴びないと骨は老化していく

紫外線対策と目のエイジングの話をすると、太陽を浴びることが体に悪いと誤解する人がいるかもしれませんが、決してそんなことはありません。むしろ、太陽を浴びない生活によるデメリットのほうがはるかに大きいでしょう。

太陽を浴びないことによるいちばんの問題は、骨が老化していくことです。歳をとると骨粗鬆症《こつそしょうしょう》を発症するなど、骨の問題が多く見受けられます。重度の骨粗鬆症になると、日常生活を送っているだけでも、かんたんに骨折するようになり、大腿骨《だいたいこつ》や股関節を骨折することで寝たきりになってしまう可能性もあります。

八十歳、九十歳になっても健康で自立した生活を送り、ゴルフを続けていくには、早い段階から骨を強化しておくことが不可欠です。

そもそも骨はどのように強化され、あるいは老化していくのでしょうか。

骨にはカルシウムが必要ということは誰でもご存じのはずです。たしかに骨とカルシウムは密接な関係にあります。カルシウムが骨を作るというのも事実ですが、より正しく認識するならば、カルシウムが必要なのは血液のほうで、カルシウムの貯蔵庫として骨があると考えてください。

本来、血液中には必要な分だけのカルシウムが溶け込んでいます。しかし、血液中のカルシウムが不足すると、血液はカルシウム濃度を正常値に戻そうとして、副甲《ふくこう》状腺《じょうせん》ホルモンを介し、骨からカルシウムを奪い取っていきます。骨以外にも、腸管からカルシウムが吸収されたり、腎臓からカルシウムが排泄《はいせつ》されるなどの働きが同時に起こりますが、ここでは骨とカルシウムの関係をシンプルに考えてみます。

血液中のカルシウム濃度が下がり、骨からカルシウムが奪われてばかりいたら、骨はすぐにスカスカになってしまいます。そこで、魚を食べたり、サプリメントを服用するなどして、カルシウムを補給する必要があります。補給されたカルシウムによって、血液中のカルシウム濃度が正常値を上回ると、今度は骨にカルシウムを蓄えようとします。良質なカルシウムを摂取して、骨に吸収させることによって骨が強くなっていくのです。

ところが、カルシウムを摂取しただけでは、骨は強化されません。骨がカルシウムを吸収するときには、活性化されたビタミンDが必要なのです。

それならば、ビタミンDも一緒に摂れば大丈夫と思うでしょう。もちろん、ビタミンDを摂ることも大切です。しかし、ここで重要なのは「活性化されている」という点です。つまり、どんなにビタミンDを摂取しても、活性化されていなければ、骨の強化にはつながらないのです。

ビタミンDを活性化させるために必要なのが、紫外線を浴びることです。

太陽を浴びなければビタミンDが活性化せず、その影響で骨がカルシウムを吸収できず、結果として骨がどんどん弱くなってしまうのです。

骨を強化するには、カルシウムとビタミンDを摂るのと同時に、太陽を浴びなければなりません。その際、サングラスをかけたり、帽子をかぶったり、長袖の洋服を着るなど、紫外線対策は十分にしてください。その状態で太陽の下を歩いても、ビタミンDを活性化させる効果はあります。

骨や筋肉を鍛えるために、ジムで歩いたり、走ったりしている人もたくさんいます。何もしない人に比べればアンチエイジングな行為ですが、同じするなら太陽の光を浴びながら運動することをおすすめします。

骨を若返らせるなら、断然太陽を浴びるべきです。

カルシウムを摂って、屋内で運動しているだけでは骨は強くなりません。

その点、骨の強化にゴルフは最適です。屋外のスポーツならば太陽を浴びる恩恵を受けることが可能ですが、ゴルフほど長時間プレーするスポーツは滅多にありません。ゴルフコースを自分の足で歩きながら、じっくりと太陽を浴びることができます。言い換えれば、十分にビタミンDを活性化させられるというわけです。

ゴルフが男女の差なく楽しめるという点も見逃せません。

男女を問わず骨の強化は重要ですが、**女性は骨が弱くなりやすいので特に注意が必要です。自分の足で一生歩き続けるためにも、女性にもどんどん「若返るゴルフ」に取り組んでいただきたいと思います。**

骨というのはケアすることによって、比較的かんたんに強化できる器官でもあります。

アンチエイジング外来を受診されている五十四歳の女性の場合、はじめは骨年齢が五十八歳だったのですが、ジムでのトレーニングに加え、外を散歩するようにしてもらったところ、半年後には骨年齢が五十歳になったという症例があります。この方が特別というわけではなく、ちょっとした取り組みによって骨の強化、骨のアンチエイジングに成功したという方はたくさんいらっしゃいます。将来的に骨粗鬆症で苦しむことを考えれば、いますぐ骨のケアに取りかかるべきではないでしょうか。

ポイントは、カルシウムやビタミンDの摂取と同時に太陽の光を浴びることです。男性はもちろん、女性にもどんどんゴルフを楽しんで、日光浴していただければと思います。

男性にも更年期障害がある

女性を中心にした骨のケアの話に触れたところで、男性の問題についても述べてみましょう。

男性にも更年期障害があるという事実をご存じでしょうか。

本格的な研究が始められたのもここ数年の話で、新しい話題なので知らない人も多いかもしれませんが、純然たる事実として男性にも更年期障害があります。

女性の更年期障害といえば、四十歳すぎから五十五歳ごろにかけて、閉経と時期を同じくして女性ホルモン（エストロゲン）が急激に減少することによって起こってくる障害としてご存じの方も多いでしょう。閉経があることで自覚症状が顕著なのも女性の特徴です。火照《ほて》ってきたり、動悸がしたり、イライラしたりするというのが代表的な症状です。

一方、男性の更年期障害は、もっと早い段階から非常に緩《ゆる》やかなカーブを描きながら進行していきます。**主な男性ホルモンであるテストステロンは、早ければ三十歳ごろから年に一％の割合で減少していきます。**年に一％というわずかな減少なので、最初のころは自覚することはまずないでしょう。症状が出始めるのは、十五年、二十年経ったころです。つまり、四十代後半から五十代です。

男性の更年期障害の場合、精神面の症状が出やすいというのも大きな特徴です。初期症状としては「なんだか最近元気がない」という感覚です。

しかし、男性更年期障害という事実を知らない人にしてみれば、「最近、元気がない」という程度のことならば、疲れているくらいにしか認識できないでしょう。まさか、男性ホルモン（テストステロン）が不足しているとは考えもしないはずです。また、イライラするとか、セックスにあまり興味がないというのも、症状の一つです。

さらに更年期障害が進むと、うつ病のような症状にもなります。男性の更年期障害については、あまり研究が進んでおらず専門の医療機関も少ないのですが、一般には泌尿器科で扱っていることが多いでしょう。泌尿器科の更年期外来にかかっている男性の約半数はうつ病という診断をされたことがあるとのデータもあります。

それが本当にうつ病なのか、うつ病と同じ治療で治るのかなど、問題はたくさんあります。一般の人たちはもちろん、医療の現場においても男性更年期障害に関する認識が遅れているのが現状なのです。

「朝立ち」は女性の生理と同じくらい大切

男性更年期障害の症状が出ているかどうかの目安として「朝立ち」の回数も重要です。**「朝立ち」とはご存じのとおり、朝起きたときに起こっている勃起《ぼっき》のことで、こ**

れは女性の生理と同じくらい大切な症状です。

あまり知られていないことですが、男性は寝ている間、かなりの時間勃起しています。そして、年齢とともに勃起する時間が短くなっていきます。二十代では睡眠時間の約半分勃起していたのに対して、四十代なら四分の一、五十代なら一〇％にまで落ち込みます。六時間睡眠と考えると、勃起時間は二十代が三時間、四十代が一時間半、五十代は三十分程度という計算です。

寝ている間の勃起は、たいていレム睡眠時に起こっています。睡眠については第1章でも述べましたが、レム睡眠とノンレム睡眠を繰り返しているなかで脳が活発に働いているレム睡眠時に勃起は起こります。そして、最後のレム睡眠時に起こっていた勃起がいわゆる「朝立ち」です。

目覚まし時計を使わずに自然に気持ちよく起きた朝、勃起していなければ、男性更年期障害である可能性があります。

もし、更年期障害の可能性があると自覚したとしても、暗い気持ちになる必要はありません。深刻な症状ならば医師に相談することもできるでしょうし、軽い症状ならばまだまだ改善の余地はあります。

男性の更年期障害については、若返りの源である成長ホルモンの分泌量が増えると、それにともなって男性ホルモン（テストステロン）も増えるというデータが発表されています。

やはりキーワードは成長ホルモンなのです。

「一日一回、体温を一度上げなさい」というところで、成長ホルモンの分泌を促す重要性を述べましたが、それはそのまま男性更年期障害の改善にも役立ちます。

「最近、元気がない」と感じている中高年の男性こそ、なかなかゴルフに出かけようとは思わないかもしれません。ですが、家の中に閉じこもっているのでは、すべてがマイナスに働いてしまいます。筋肉や骨は衰え、脳は活性化せず、更年期障害が進むなど、完璧なまでに老化する生活習慣といえるでしょう。

そんな人は、まずは外へ出て歩くことから始めてください。下半身の筋肉が鍛えられ、体温が一度上がれば、すべてがプラスに働き、好循環がスタートします。心身ともに元気があるから、外へ行くのではありません。元気を取り戻すためにこそ、太陽の下を歩いてほしいのです。

第3章

「考えるゴルフ」で若返る

腰が痛いのは「老いるゴルフ」をしている証拠

アマチュアゴルファーのなかには「ゴルフをすれば少しくらい腰が痛いのは当たり前」と思っている人がいます。ゴルフの翌日にマッサージを受けに行ったり、鍼灸《しんきゅう》院《いん》通いが習慣化されている人もいるのではないでしょうか。

たしかに、プロ・アマを問わず、腰を痛めているゴルファーはたくさんいます。ゴルフに腰痛はつきものなのでしょうか。

医師の立場からはっきり申し上げますと、ゴルフをして腰痛が起こるのは決して当たり前ではありません。**もし、あなたがゴルフをすることで、腰、首、お尻、膝《ひざ》などを痛めているとしたら、それは間違ったゴルフをしているからにほかなりません。**もっといえば、「老いるゴルフ」をしているから、体にトラブルが発生するのです。

私がすすめている「若返るゴルフ」は、「百歳までできるゴルフ」でもあります。百歳までプレーしようと思えば、五十歳や六十歳の時点で、腰や膝に痛みを抱えるわけにはいきません。（五十歳や六十歳という）若い段階で、体にトラブルを抱えているようでは、近い将来ゴルフをやめなければならないからです。

あなたのゴルフはどうですか。

もし、体のどこかに痛みを感じているなら、それは「老いるゴルフ」をしてきたということです。「昨日ゴルフをしたから、腰が痛くて」と当然のように話している人をよく見かけますが、私には「昨日、『老いるゴルフ』をしたから、腰が痛くて」と聞こえるのです。


腰が痛いのはゴルフの責任ではありません。あくまでも、間違ったゴルフをしているゴルファー自身の責任なのです。


さて、間違ったゴルフというと、アマチュアゴルファーはすぐに技術論に話をもっていきがちです。スイングがどうとか、テイクバックの方向とか、腰の回転など、とにかくテクニカルな部分にばかり注目します。

実際に体を痛めているのですから、技術の問題は存在します。ですが、技術論だけですべてが解決するかといえば、それほど単純ではありません。

「若返るゴルフ」「百歳までできるゴルフ」をマスターするには、技術論のほかにも基本的な考え方を学ぶ必要があります。そもそもゴルフとはどのような競技なのかという部分も含め、正しい考え方をもつことが不可欠なのです。

私は画像診断専門のクリニックで毎月何百人という人のＭＲＩ写真を見て、診断しています。さらに、アンチエイジングの専門医でありながら、アメリカでＮＧＦのゴルフ理論を学び、シングルプレーヤーにもなりました。

人間の体を熟知した医学的な側面と、しっかりとしたゴルフ理論を学び、実践している一人のゴルファーという両面からアプローチした結果、アマチュアゴルファーが目指すべきゴルフに行き着いたのです。

もし「ゴルフで腰痛は当たり前」が本当ならば、医者としていますぐゴルフをやめるように忠告します。そして、私が単なるアマチュアゴルファーの一人だったら、少しくらい腰が痛いのは当たり前と思っていたかもしれません。

しかし、ゴルフとは非常におもしろいスポーツで、正しい技術と考え方を知れば、健康で、若々しさを保ちながら、百歳までプレーすることが可能です。そして、スコアアップも期待できます。腰痛と闘いながらゴルフを続けているアマチュアゴルファーにとっては信じられない話かもしれません。ですが、実際にそういうゴルフがあるので、ぜひマスターしてほしいと思います。

ゴルフのスイングはでんでん太鼓をイメージせよ

腰痛を訴えるゴルファーは驚くほどたくさんいます。

私は、腰の痛みを訴える患者さんには「ゴルフをやりますか?」と必ず質問するようにしていますが、「イエス」と答える人は非常に多いのです。腰椎椎間板《ようついついかんばん》ヘルニア、脊柱管狭窄症《せきちゅうかんきょうさくしょう》などいろいろな病態がありますが、大雑把にくると腰痛症に悩んでいるゴルファーは多いといえます。

いったいなぜこんなにも多くのゴルファーが腰を痛めてしまうのか。

その秘密を解き明かすべく、まずはゴルフのスイングについて考えてみましょう。

そもそもゴルフのスイングとは、股関節、腰、腕の捻転《ねんてん》を使ってクラブを振る動作のことです。そして、これらの回転（捻転）運動の軸となっているのは背骨です。

結局、ゴルフのスイングでもっとも大事なことは、背骨を軸としていかにきれいに回転できるかという点です。

背骨を軸としての回転運動（あるいは捻転運動）とは、決して体に負担のかからない健康的な動きです。

この運動の代表が歩くことです。

人間は歩くとき、背骨を軸として右足を踏み出しながら左腕を前に振ります。今度は左足と右腕を前に出すというように、きれいな捻転運動をしています。正しくこの動きをしているかぎり、腰痛に悩まされることなどありません。正しく歩いていたら腰を痛めたという話を聞いたことがありますか。そんな人はいないでしょう。

ゴルフのスイングも、背骨を軸とした無理のない回転運動をしているかぎり、ケガをすることはありません。

でんでん太鼓というおもちゃをご存じでしょうか。棒の先に小さな太鼓があって、太鼓の脇にヒモでつながれた球がついています。そして棒を軸にくるくると回すと、球が振り回されるように動いて太鼓を叩くという仕組みです。

でんでん太鼓はゴルフのスイングの理想型を端的に表しています。ちなみに私が教わったNGFでも正しいスイングを教えるたとえとして、でんでん太鼓を紹介していました。アメリカのゴルフ理論で、日本のマイナーな玩具が紹介されるとは、非常におもしろいものです。

■でんでん太鼓の回転運動

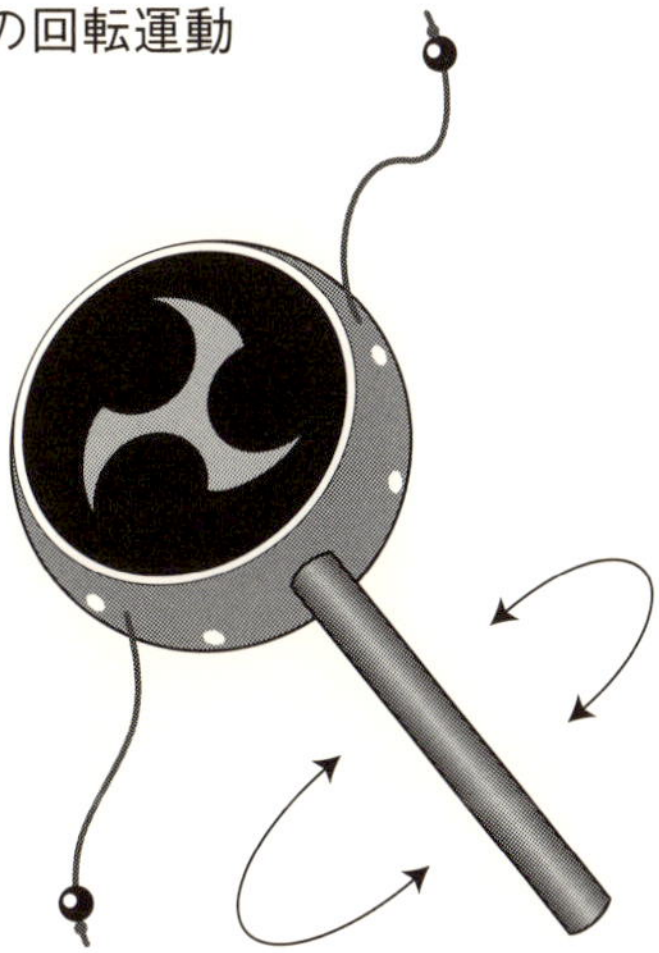

でんでん太鼓を例に考えると、棒の部分が背骨に相当します。棒の部分がブレることなくきれいに回転すれば、ボンボンと軽快に音が鳴ります。

ゴルフのスイングもまったく同じです。背骨を一本の棒と考え、その棒を軸にきれいに回転すれば、体に無理のない安定したスイングができます。そして、無理のないスイングをしているかぎり、腰を痛めるようなことはありません。

アマチュアゴルファーにとって、これはいちばん大切なことではないでしょうか。

老後の健康は背骨が握っている

スイングでは、無理なく背骨が回転していることがいちばん大事。

そう明言しているにもかかわらず、アマチュアゴルファーはいともかんたんに大事なことを忘れます。それはゴルフをするにあたって、大きな誤解をしているからです。

アマチュアゴルファーがしているもっとも大きな誤解は、「いい球が打てたときには、いいスイングをしている」というものです。これについては、第1章で「ゴルフはマイナス×マイナス＝プラス」という言い方で説明しました。どんなにひどいスイングでも、マイナスポイントがちょうどうまい具合に重なると、ナイスショットを打てることがあります。つまり、いい球が打てたときが必ずしもいいスイングとは限らないのです。この誤解については、かんたんに理解していただけるでしょう。

問題は、もう一つの誤解です。

それは「いい球を打つためのスイングを求めてしまう」ということです。こんな言い方をすると、「いい球を打つためのスイングを求めて、どこが悪い」という気持ちになるでしょう。

　しかし、思い出してください。「若返るゴルフ」のスイングでいちばん大切なのは「いい球を打つ」ことではありません。あくまでも、「無理なく背骨を回転させる」ことです。アマチュアゴルファーであるかぎり、ここに疑問の余地はないでしょう。仮にどんなにいい球を打てたとしても、背骨に負担がかかり、腰を痛めているようでは意味がありません。

　私たちのようなアマチュアゴルファーとプロゴルファーでは、目指すゴルフはまったく違います。ラウンド中の考え方はもちろん、スイングを練習するうえでの優先順位もまるで違って当然なのです。

　はっきりいって、プロゴルファーはゴルフで若返るとか、百歳までプレーすることなど考えていません。彼らにとってもっとも大事なのは勝つことです。当然、スイング練習では「いい球を打つ」ことを第一に考えています。そんな彼らが体を痛めるのは、ある意味では理にかなっています。それだけのリスクを背負ってプレーしているのですから、ケガをすることもあるでしょう。

　しかし、スイングがきれいなプロでもケガをするのだから、自分たちアマチュアが腰を痛めるのも無理はない、と思うのは完全に間違っています。腰が痛くてもいい球を打ちたいとか、体がぼろぼろになってもスコアアップしたいという人がいるとしたら、その人はプロを目指すべきです。

プロのなかには、背骨に負担がかかるとわかっているスイングを固めてまで、安定したショットを求める人もいます。また、生理的に無理のないスイングをしていたとしても、練習と試合の繰り返しで、疲労骨折をしてしまう人もいます。

どんな一流選手でも、いい球を打ち、スコアをよくすることを最優先にしているかぎり、それなりのリスクを背負っているのです。

実際、ジャック・ニクラウスは股関節の手術をしましたし、伊澤利光も原因不明の頸椎症《けいついしょう》に悩まされています。ジャンボ尾崎は腰にトラブルを抱え、タイガー・ウッズはスイングの衝撃を膝で受け止めている関係で、左膝の手術を受けました。

しかし、プロのケガとアマチュアのケガでは根本的な意味合いが違います。**プロは健康を犠牲にしてでも、勝つゴルフに徹しているのです。**タイガー・ウッズだって、あれだけパワフルにスイングしながら、自分のゴルフが健康的だとは思っていないでしょう。

しかし、アマチュアゴルファーなら、健康を害してまでゴルフに入れ込む必要はありません。

それとも、あなたは健康を犠牲にしてまで、スコアアップを目指しますか？

答えはもちろん「ＮＯ」ですね。八十歳、九十歳になってもゴルフを続けられるほど健康でありたいはずです。

それにもかかわらず、背骨に負担のかかるスイングを続けているアマチュアゴルファーがたくさんいるのは、じつに残念なことです。

背骨に負担がかかると、腰痛症、頚椎症、座骨神経痛などの症状が出てきます。腰から、お尻、ふとももの裏あたりにかけて、しびれを訴える人もたくさんいます。さらにひどくなると、歩行障害が起こってきて、まともに歩くこともできないという状態になることもあります。

それだけ背骨は人間にとって非常に大切なのです。

老化するゴルフをしたくないと思ったら、何よりもまず背骨を大事にすることからスタートしてください。**プロのスイングをまねて、すばらしい打球を打つことを気にする前に、背骨に過度な負担がかかっていないかを考えることが先決です。**

何度もいいますが、「ゴルフで老いる人」になりたくなければ、背骨を軸としてスムーズな回転運動をすることです。

あなたのスイングはどうでしょうか。

打球やスコアよりも、気にするべきは背骨です。あなたの老後の健康は背骨が握っているのです。

見栄で最長飛距離を答える人、平均飛距離を答える人

不思議なことに日本人はコンディションの悪さを自慢する傾向がある。第1章でこの悪しき習性について述べましたが、似たような部分がほかにもあります。

それは、飛距離やスコアについて、自己ベストを紹介する人が多いということです。

「ドライバーはどのくらい飛びますか?」

こう聞かれたら、日本人の多くはこれまでの最長飛距離を答えます。「三二〇ヤード飛ばしたことがあるんですよ」とか、「当たりがいいときは、三〇〇ヤードは越しますよ」などです。なかには「ハワイの海風に乗って三八〇ヤード飛んだ」と話す人

もいます。

あなた自身、あるいは周囲のゴルファーにもこのタイプがけっこういるのではないでしょうか。

これは日本人特有の性質で、欧米人に同じ質問をすると、たいていの人がアベレージを答えます。「通常、二四〇ヤード飛びます」という具合です。

多くの日本人は最長飛距離を披露しておいて、いま現在のコンディションがいかに悪いかをアピールする。それによって、「本当はすごいんだけど、たまたまいまはちょっと……」という雰囲気を演出します。

ゴルフは見栄《みえ》のスポーツなので、そんな演出をつい施してしまう気持ちはわかります。しかし、この演出をしてしまうと、一番ホールの一打目はどうしても力が入ってしまうでしょう。

それも当然です。あなたは「三二〇ヤード飛んだことがある」と公言しているのですから、もちろん周囲はビッグドライブを期待します。その思いがひしひしと伝わってくれば、ドライバーを思い切り振らないわけにはいきません。

そうやって、もっとも重要な「背骨を大事にする」ことを忘れてしまうのです。

ついでながら、そのようなメンタリティでドライバーを振り回しても、いい球などまず打てないでしょう。力の入り過ぎで、いつもどおりの力さえ発揮できないものです。**「ゴルフで老いる人」になりたくなければ、飛距離にこだわらないほうが賢明です。**そして、飛距離について質問されたら、アベレージを答えるようにして、無理なフルスイングを強いられる機会を作らないことです。

余談ですが、日本のゴルフコースの中には、飛距離の表示が正しくないところがけっこうあるのはご存じでしょうか。二五〇ヤードと書いてあるところが、じつは二二〇ヤードしかないというように、実際の距離よりも一割か二割上乗せしてあることが多いのです。リゾート系のゴルフコースによく見られる傾向ですが、アマチュアゴルファーに気持ちよくプレーしてもらうための配慮なのでしょうか、実際より飛距離が出ていると感じるように設定されています。

その証拠に、海外でプレーした経験のある人なら、「思ったより飛ばないな」と感じたことがあると思います。日本とは気象条件も違うので、風の影響などもあるでしょうが、日本のゴルフコースの距離表示の問題も無縁ではないはずです。今後、海外でプレーする機会があれば、飛距離のアベレージをとってみるとおもしろいでしょう。

何ヤード飛んだかではなく、残り何ヤードかを考える

飛距離にこだわるゴルフをしていると、つい「何ヤード飛んだか」と考えてしまいます。しかし、ゴルフはそもそもターゲットゲームであって、どれだけ飛ばすかを競うスポーツではありません。ターゲットに向かって打つ。つまり、「次はどこへボールを運ぶか」を考えながらプレーするスポーツなのです。

よく、自分が確実に打てる距離を狙って、コースを攻めていくスタイルを「刻むゴルフ」などといいます。わざと飛距離を抑える攻め方で「レイアップ」という表現もあります。

そんなゴルフをしていると「慎重だな。もっと攻めていけよ」などという人がいますが、そういう人ほどゴルフの本質を理解していません。

ゴルフをやる際には、ドライバーであれ、アイアンであれ、どこにボールを運ぶのかという明確なイメージをもつ必要があります。それはパー5・ロングホールの第一打目でも同じです。

ところが、ロングホールの広々としたフェアウェイを前にすると、とにかく遠くへ飛ばすことばかりを考え始めてしまいます。遠くに飛べば、飛んだだけOKという発想です。

そんな曖昧《あいまい》なターゲット設定をすると、スコアもまとまらず、無理なスイングをして、結果として老化を促進させてしまうだけでしょう。

アマチュアゴルファーなら、「ロングホールのあの広いフェアウェイをなぜ外してしまうのか」と首をひねったことが何度となくあるはずです。もっと狭いホールでも、フェアウェイキープができるのに、ロングホールでなぜ外してしまうのか、と。

これは、明確なターゲットをもたずに、ひたすら飛ばそうとしていることに原因があります。飛距離を狙って力が入れば、ミスショットの確率は上がります。さらに、脳神経学的にも、しっかりとターゲットを定めたほうが、正確に打てる確率が上がるというデータがあります。

つまり、どんなときでも「二四〇ヤード、バンカーの右横のフェアウェイ真ん中」というふうに、しっかりとターゲットを決めて、そこに仮想のピンがあるつもりで打たなければなりません。仮想のピンと目の前のボールを結んだ線をターゲットラインとして、そのラインに乗せるように打っていくのです。

どんなに長いホールでも、ターゲットより遠くへ飛んだら、それはナイスショットとはいえません。仮想とはいえ、ピンをオーバーしているのに、ナイスショットのはずがありません。ゴルフとは、あくまでも狙った場所にボールを運ぶターゲットゲームです。**ターゲットを超えているのに、「思ったより飛んでよかった」と喜んでいるようでは、根本的にゴルフがわかっていません。**

ターゲット設定をするとき、大事なのは自分の能力で確実に到達できる位置であることです。とりあえずターゲットを狙って打って、あとはボールに聞いてくれというようでは、ターゲットを設定する意味がありません。

また、無理なターゲットを設定すると、当然無理なスイングになります。結局は腰を痛めて、老化を進めるだけです。コースの状況、風などの自然環境と自分の実力を総合的に判断して、確実に運べる位置を次のターゲットに設定しなければなりません。

そして、正しくターゲットを設定しようとすれば、当然その次のショットのことも考えるでしょう。ビリヤードが得意な人が一打一打を独立して考えるのではなく、次の打ち方、狙う場所などを明確に想定しているのと同じです。ボールをどこに運ぶかを考えるとき、ピンまで残り何ヤードで、次はどのクラブで、どんな球を打つべきかというところまで、きっちり想定していなければなりません。

何ヤード飛んだかという部分ばかりを気にして、その結果から次のショットを考え始めているようでは、ゴルフの上達が望めないばかりか、「ゴルフで老いる人」へと一直線です。

ゴルフはターゲットゲーム。そのことはつねに頭に入れておいてください。どんなに飛距離が必要な場面であっても、野球のオールスターでホームラン競争をしているわけではないのです。

ターゲットゲームにフルスイングは必要ない

ゴルフがターゲットゲームであることを理解したら、次はどうすればターゲットにボールを運べるかを考えなければなりません。

たしかに、アマチュアゴルファーの多くは打ちたいところにボールを打てていません。これにはいくつかの要因があります。

第一は、技術的な問題。目指す場所へボールを運ぶ技術が不足しています。

第二は、打ちたい場所を明確に定めていないという問題です。これはターゲットゲームということを理解すれば解消するはずです。

第三は、打ちたい場所が間違っているという問題です。これは明らかに自分の能力では不可能な場所をターゲットに設定しているということです。結局、第一と第三の問題は表裏一体のようなもので、ターゲットの設定の仕方と技術レベルが一致していないために起こる問題です。

では、なぜできもしないターゲットを設定してしまうのでしょうか。

答えはじつにかんたんです。できることもあるからです。

日本人ゴルファーの多くがドライバーの最長飛距離をアピールするように、一度できたことは、次もできるとつい思ってしまうのです。そして、その能力（あるいは結果）を基準に、ハイレベルなターゲットを設定してしまいます。

しかし、現実はそんなにうまくいきません。一度や二度なら誰だってスーパーショットが打てるという話は何度もしました。それが自分のアベレージであるかのようにターゲットを設定すれば、予想外の結果が続くのは当然でしょう。

ゴルフで大切なのは再現性です。同じ球を何度も打てることが重要なのです。

超一流のアスリートは除きますが、あらゆるスポーツでもっとも同じ結果を得にくいのはどのようなシチュエーションにおいてだと思いますか。

それは全力でプレーするときです。

あくまでもアマチュアの話ですが、幅跳びの自己ベストが七メートルの人は毎回七メートルを飛ぶことはできません。最高で時速一四〇キロのボールを投げる人でも、いつも同じ速度がでるわけではありません。

まして、ゴルフのインパクトは、非常にデリケートです。ボールが当たる位置が一ミリずれて、スイング軌道、フェイスの向きが一度ずれたら、まったく違う打球になります。それを寸分違わず、フルスイングで再現するのは不可能です。少なくとも、アマチュアには不可能でしょう。

結局、フルスイングをしているかぎり、再現性の高いプレーは望めません。しかも、ゴルフは他の競技のように、距離やスピードを競っているのではなく、いかに正しくボールを運べるかを争うスポーツです。再現性を落としてまで、しかも腰を悪くしてまでフルスイングする必要などどこにもないのです。

コーチからいわれた「二〇％の力で打て」の意味

アメリカのＮＧＦでゴルフを学んでいるとき、再現性の大切さを、私は嫌というほど教えられました。ＮＧＦで最初に学んだのは、ブックスイング・ドリルというものです。

ブックスイング・ドリルとは、本を一冊持ってスイングの練習をすることで、主に腕の動きを体で理解するためのトレーニングです。本書はゴルフの技術書ではないので、詳しい説明は控えますが、両手のひらで本をはさんで持ち、ゴルフスイングの要領で体を捻転させながら、本の向きも一緒に動かしていきます。テイクバックでは左手の甲が上を向き、フォロースルーでは右手の甲が上を向くように練習します。

私が驚かされたのはこの練習法ではなく、期間の長さです。

なんと最初の一か月間、ひたすらブックスイング・ドリルばかりやらされたのです。あまりにも長い期間、ブックスイング・ドリルばかりやらされるので、日本人だからバカにされているのかと思ったほどでした。

しかし、決してそんなことはなく、スイングにおける腕の動きを徹底的にマスターして、毎回同じ動きができるように叩き込まれていたのです。ちょうど、子どもに箸《はし》の使い方を教育するのと同じです。正しい箸の持ち方を習得した人なら、無意識に毎回同じ持ち方ができます。何気ないことですが、箸の使い方も徹底的に反復練習した結果として、獲得した技術なのです。

一か月を経てブックスイング・ドリルをマスターすると、やっとクラブを持たせてもらえます。そのときにコーチからいわれたのは「二〇％の力で打て」でした。

そういわれる理由ははっきりしています。毎回同じスイングをして、再現性を高めるためです。

ＮＧＦのゴルフレッスンに通うまで、もちろん私もフルスイングでゴルフをしていました。そのとき（うまく打てたとき）の残像に比べれば、飛距離なんてまったく足りません。しかし、コーチには「それでいいんだ」と繰り返しいわれました。

ここに「若返るゴルフ」の神髄が見えます。

ブックスイング・ドリルで徹底的に腕の使い方を学んだ後に、二〇％の力でていねいに振っていると、背骨を中心にしたきれいな回転運動が可能になります。何回スイングしても、腰が痛くならないのです。そして、だんだんと同じ球が繰り返し打てるようになってくるのです。

そのころになると、あるおもしろい感覚にとらわれるようになります。それは「二〇％の力でも案外飛ぶ」という感覚です。

じつは、ゴルフクラブというのは非常にうまく設計されていて、それほど大きな力を使わなくても、効率よくボールが飛ぶようにできています。

ところが、アマチュアゴルファーは自分の力を最大限に発揮することに夢中になり過ぎて、クラブの能力を十分に引き出せてはいません。ショットがうまくいかないたびに、力が入ってきて、最後には自分の体を壊してしまうのです。

ゴルフの世界では「クラブヘッドに仕事をさせろ」という言葉があります。ボールを打つのはクラブヘッドの部分なので、自分の体に力を入れるのではなく、クラブヘッドを走らせて、いい球を打とうという意味です。「若返るゴルフ」では、ヘッドスピードを求めませんが、クラブに仕事をさせるという点では共通しています。

私の経験では、二〇％の力でスイングをしているときは、何発打っても腰が痛くなるようなことはありませんでした。一回ラウンドすると翌日は腰痛で歩けなかった以前の自分と比べると、信じられない変化です。コーチからは、練習は量よりも質が大切だから、二〇～三〇球をていねいに打てといわれましたが、一か月間まったくボールを打たせてもらえなかった私にしてみれば、三〇球程度で我慢できるはずがありません。結局、一〇〇球、二〇〇球と打ってしまいましたが、体を痛めることはありませんでした。

当時はまだレッスンの途中で自覚することはできませんでしたが、振り返ってみるとあのときに私は、アマチュアゴルファーが目指すべきゴルフを体で覚えていたのでしょう。

飛ばさない練習を繰り返そう

その後のゴルフレッスンで、二〇％のスイングを一〇〇％にまでもっていったかといえば、そんなことはありません。最終的に七〇％の力で打てるようになれば十分なのです。

どのくらいの力で振ればよいかということについて、伊澤利光プロから、お酒を飲みながらお話をうかがったことがあります。

そのとき、彼も七〇%の力で振ることが大切だと話していました。とかく、アマチュアゴルファーは一〇〇%の力で振ろうとするが、じつはそれは一〇〇%ではなく、一二〇%だったり、一四〇%だったりしているとも伊澤プロは指摘していました。

医者の立場から考えても、自分の能力以上のことをやろうとしたときは、ケガをするものです。アマチュアゴルファーが一二〇%の力でスイングしていれば、いずれケガをするのは当然です。といって、ぴったり一〇〇%の力でスイングすればいいかといえば、そんなことはなかなかできません。

高反発系のドライバーを使っている人なら、ボールが当たる位置が二ミリずれただけで、飛距離は四五ヤードから五〇ヤード違ってきます。それだけ厳密なスイングを一〇〇%の力でやろうと思ったら、そうとう過酷な練習が必要です。それができるとしたら、間違いなくトッププロになれます。

アンチエイジングの点でも、スコアメイクの観点から考えても、アマチュアゴルファーには七割スイングが最適なのです。一〇〇%の力で、どれだけ飛ばせるかではなく、ドライバーでも、アイアンでも、七割スイングでどこへ運ぶことができるのかをきちんと把握していることが大切です。

私は練習場で七割のスイングをしながら、決めた距離以上に飛ばさないような練習を繰り返しました。ショートアイアンのみならず、すべてのクラブで必要以上に飛ばさない練習をするのです。こういうと意外に思われる人も多いでしょうが、イメージした距離以上に飛んでしまったら、実際のコースでは戦略が狂ってしまいます。それでは、効果的なターゲットゲームを展開することができません。

ドライバーやロングアイアンの練習をしている人を見ていると、球筋よく遠くへ飛んでいけばそれで満足というムードをひしひしと感じますが、それはゴルフを誤解している証拠です。

三番アイアンなら確実にあの位置に運ぶことができる。

この意識があるからこそ、各ホールを戦略的に攻めていけるのです。三番アイアンでできるだけ遠くへ飛ばそうというのは、ターゲットゲームの考え方ではありません。

みなさんもぜひ、飛ばさない練習をしてみてください。

ストレートボールを目標としてはいけない

ゴルフには二七種類のショットがあります。

一流のプロならこの二七種類を打ち分けるといいますが、アマチュアゴルファーにそんな技術は必要ありません。とはいえ、二七種類のショットがどんなものなのか、知識として知っておくのもいいでしょう。

まず、打った瞬間にどちらの方向へボールが出て行くかによって、右、真ん中、左という三種類に分かれます。

その後、ボールがまっすぐ飛び続けることもあれば、左右に曲がってしまうこともあります。この曲がり具合によっても右、左、まっすぐという三種類に分かれます。

この段階で、ショットは九種類あります。

九種類のショットのうち、それぞれ高い球、低い球、中間の高さの球という高低差を加えると、合計で二七種類になります。

ここではとりあえず高さのことは考えずに、打ち出しの方向とその後の曲がり方によって生じる九種類の打球について考えてみます。

図を参照していただくとわかりますが、ほとんどのアマチュアゴルファーが目指しているのは⑤番のストレートボールではないでしょうか。空に向かってまっすぐ飛び出して、その後一切曲がることなく飛んでいくストレートボールには誰もが憧《あこが》れます。

しかし、残念ながらストレートボールを目指すことほど愚かなことはありません。少なくともアマチュアゴルファーがストレートボールを目指しているかぎり、ショットが安定する確率は低いといえるでしょう。

その理由を説明します。

ボールの飛び出し方向と曲がり方というのは、スイングをするときの二つの要因ですべて決定されます。この原理は、昨日ゴルフを始めたばかりの子どもでも、タイガー・ウッズでも同じです。

まず、ボールの飛び出し方向は、スイングの軌跡によって決まります。スイングの軌跡のことをスイングプレーンといいますが、スイングプレーンがターゲットラインに対して右に向いていれば右に飛び出し、左を向いていれば左に飛び出すという単純な原理です。

■ゴルフの9種類のショット

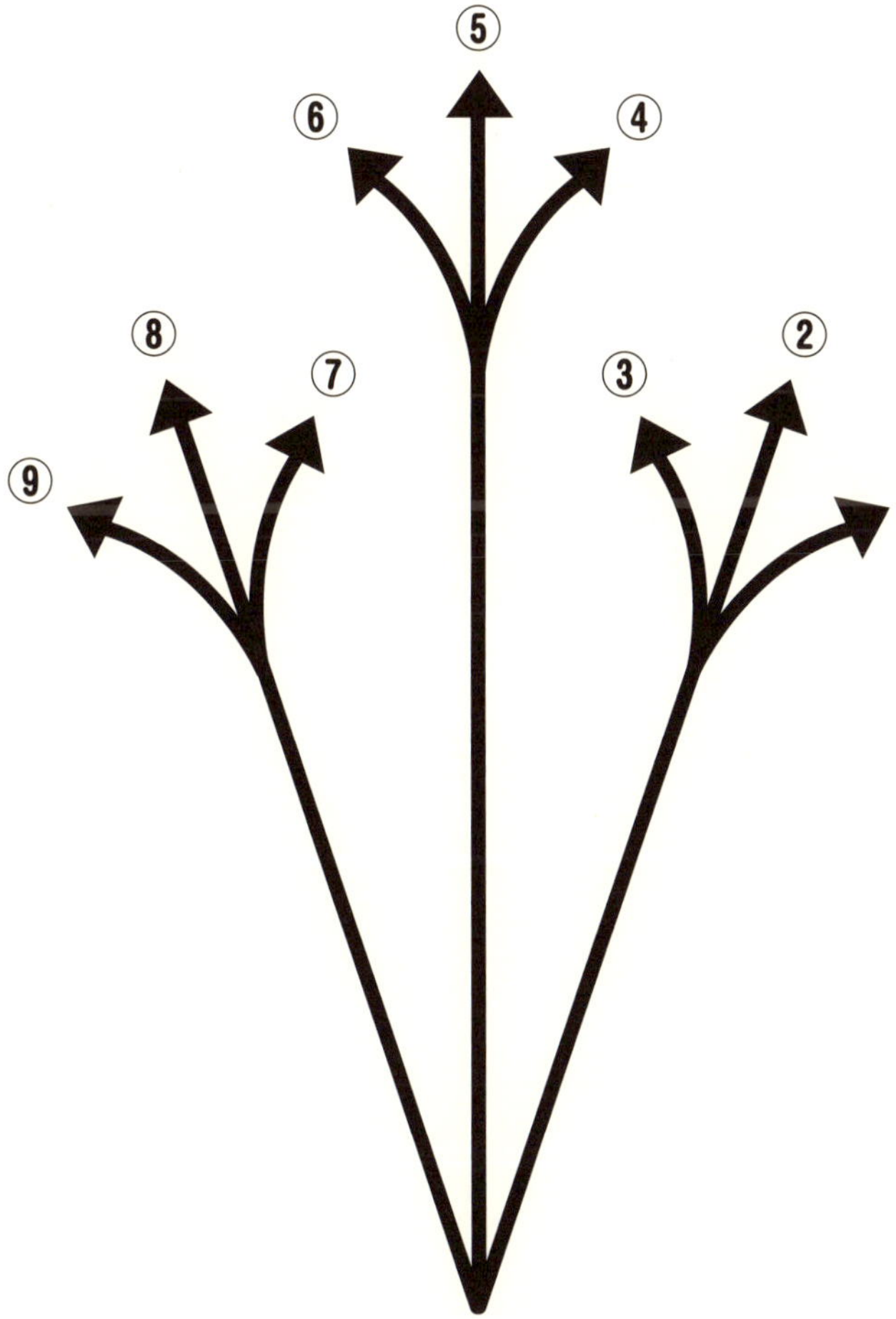

続いて、ボールの曲がり方はボールを打つインパクトの瞬間に、クラブフェースがどちらを向いているかによって決まります。フェースがオープン（外向き）になっていれば右に曲がり、クローズド（内向き）になっていれば左に曲がるという具合です。もう少し詳しく説明すると、フェースがオープン（外向き）になっている場合、ボールに右向きの回転がかかります。一般にシュート回転と呼ばれるものです。すると、ボールは右方向へ曲がります（この曲がり方をスライスといいます）。

反対に、インパクトの瞬間にフェースがクローズド（内向き）になっていると、左向きの回転がかかり、左にカーブしていくという原理です（この曲がり方をフックといいます）。

では、ストレートボールはどのような状況によって生まれるのでしょうか。

それはスイングプレーンがターゲットライン（目標地点とボールを結んだ直線）に一致していて、クラブフェースが狂いなく正面を向いている状態です。理論上、このスイングができればボールは真っ直ぐ飛んでいきます。

この話を読んで、「よし、ストレートボールを打ってやろう」と思う人は、**人間の体の構造を理解していません。というのも、人間の体はそんなに精密な作業を狂いな**

く繰り返せるようにはできていないからです。つまり、ストレートボールを目指していても、スイングプレーンが微妙に左右にずれてしまったり、クラブフェースの向きがターゲットラインに対し垂直にはならなかったりするからです。

これは、ストレートボールを目指すと、実際には左右どちらに飛び出すかもわからず、その後どの方向へ曲がるかもわからない打球を打ち続ける危険性があるということです。

右に打ち出したボールが運よく左に戻ってくればラッキーですが、さらに右に曲がっていけばOBの可能性も高まります。そんな運まかせのゴルフでスコアがまとまるはずはありません。

やはり、再現性の高い安定したボールを打つためには、決まった方向へ打ち出し、決まった回転をかけることが必要です。

卓球を思い出してください。卓球では、あの飛びやすいピンポン球を狭い卓球台に打ち返さなければなりません。そのとき、球に回転をかけずに真っ直ぐ打とうとすると、安定性を欠き、ラリーを続けることはむずかしくなります。意図的に球に回転をかけることで、打球が安定し、狙った場所へ打てるようになるのです。

ゴルフをする際にも、ストレートを狙うのではなく、あらかじめ左右のどちらかに打ち出す方向を決めて、打ち出した方向とは反対の曲がり方をさせれば、結果としてターゲットライン上の狙った位置にボールを運ぶことができます。

たとえば、ボールは右に打ち出しておいて、フェースを少しクローズド（内向き）にしておく。すると、右に出たボールが、左にカーブする形で戻ってきます。こうやって、自分の設定したターゲットを狙っていけばよいのです。

背骨や腰に負担をかけない理想のスイングとは？

右に打ち出して左に曲げる。あるいは、左に打ち出して右に曲げる。

このどちらかをすれば、ある程度狙った場所にボールを運べる確率が高くなるといえます。スコアメイクをするうえでは、その考え方でもいいと思います。

しかし、この本でおすすめしているのは、スコアメイクをするためのゴルフではありません。あくまでも、「若返るゴルフ」「百歳までできるゴルフ」です。それには背骨に負担がかからないという大前提をつねに頭に置いておかなければなりません。

アンチエイジングの観点からすれば、じつは左に打ち出すゴルフはおすすめできないのです。

仮に右に曲がって戻ってきてナイスショットになったとしても、体には悪影響を及ぼしています。

一般的な例として、右利きゴルファーのパターンで解説します。

左に打ち出した場合、スイングプレーン（スイングの軌跡）がターゲットラインに対して左方向に向いています。テイクバックでは自分の体から遠いところ（アウトサイド）にクラブを持ち上げ、フォロースルーでは自分の体に近いほう（インサイド）に振り抜いている状態です。極端にいうと、右肩の前方にクラブを振り上げて、左肩の後方に向かって振り抜くということです（大根切りのイメージです）。当然、左方向へ振っているので、ボールは左に飛び出します。

このスイングをアウトサイドインといいます。テイクバックをアウトサイドにして、フォロースルーをインサイドにするという意味です。

アウトサイドインのスイングでは、インパクトの瞬間にどうしても体が窮屈になってしまいます。実際にやってみるとわかりますが、外から内に向かうスイングでは、腕が邪魔になってしまいます。すると、腕や手首を操作することで、なんとか窮屈さを回避しようとする。このとき、手首や肘《ひじ》を痛める可能性があるのです。

問題はまだあります。

アウトサイドインの窮屈な軌道で、ターゲットライン上にボールを落とすことを目標とした場合、体を逃がそうとして腰が開いてしまうのです。俗にいう、腰が引けたスイングです。**左腰を引いてしまうと、右肩が前につっこむような形になり、背骨の軸もずれます。**

このスイングでは間違いなく腰に負担がかかります。

ヘルニアの原因である微少出血を起こしやすくなります。微少出血とは、いわゆるぎっくり腰です。ぎっくり腰は二、三回起こすと、将来的にヘルニアを起こすリスクが高まり、たいへん危険です。

結論からいうと、「若返るゴルフ」を目標とするならば、内側（インサイド）から、外側（アウトサイド）へ振って、右にボールを打ち出すスイングをするべきでしょう。これをインサイドアウトといいますが、インサイドアウトのイメージを持ちながら、肘を正しく使って打てば、結果としてインサイドインの軌道になります。

極端なインサイドアウトはもちろんよくありませんが、体の前を無理なくクラブが通過する範囲で、わずかに右に打ち出すスイングが、生理的にもっとも体に負担をかけません。その際、クラブフェースをクローズド（内向き）にして左にカーブ回転をかける。そうやってボールをターゲットに運ぶのです。

キャリアの長いアマチュアゴルファーほど、さまざまな癖がついていて矯正《きょうせい》するのは困難ですが、この先長く健康にゴルフをするためには、時間をかけてでもスイング矯正をしてみてはいかがでしょうか。矯正する間に、多少飛距離が落ちたり、スコアを崩したりしたとしても、健康を損なうことに比べれば些細《ささい》な問題です。

脅すわけではありませんが、背骨に悪いゴルフを続けていると、この先十年、二十年後に寝たきりになる可能性だってあります。ゴルフは正しくやれば健康的で、やり方を間違えるとこのうえなく不健康になるスポーツです。ぜひ、正しいゴルフを心がけてください。

最後に、「若返るゴルフ」のスイングをまとめてみました。

第一は、背骨に負担をかけないことです。これが最優先事項です。どこかに痛みを感じるようでは、「若返るゴルフ」とはいえません。

第二は、飛距離を目指すのではなく、明確なターゲットを設定して、そこまでボールを運ぶという意識でプレーすることです。どんな場面でも、設定したターゲットより遠くへ飛ばしてはいけません。

第三は、フルスイングをせず、七〇%の力で振ることです。アマチュアのフルスイングは一二〇%の力を出そうとしているため、ケガのもととなります。また、再現性も低くなり、スコアも乱れます。

第四は、インサイドアウトのスイングを心がけ、無理なく右へ打ち出すようにすることです。アウトサイドイン傾向の強いゴルファーは、腰に悪いので、時間をかけてでもスイング矯正することをおすすめします。

以上のことを実際のコースはもちろん、練習場でもしっかり守ってプレーしてください。そうすれば体を痛めることなく、百歳までゴルフを楽しむことだって、決して夢ではないのです。

「考えるゴルフ」で脳のアンチエイジング

ここまでは「若返るゴルフ」のスイングについて説明してきました。

しかし、これでアンチエイジングゴルフが完成というわけではありません。「ゴルフで若返る人」になるためには、もう一つ重要なポイントがあります。

それは「考えるゴルファー」になるということです。

ゴルフはターゲットゲームだということを思い出してください。コース上でプレーしているときには、明確なターゲットを必ず設定して一打一打を打たなければなりません。

そして、ターゲットを設定するときには、次のショット、次の次のショット、さらに先のショットまで想定しなければなりません。

ややこしいように感じるかもしれませんが、一打目を打つときに二打目のことを考えるのは当然です。その作業を少し綿密に行うというだけです。

しかし、残念ながらアマチュアゴルファーで、そこまで綿密に考えている人は少ないのではないでしょうか。細かく考えれば考えるほど、頭が混乱してきて、嫌になってしまうのです。その結果、「あのあたりに打てばいいだろう」という安易な考えで、漠然とラウンドしてしまう。非常に残念でもったいない話です。

今後はもっともっと頭を使って、「考えるゴルファー」になってください。

なぜなら頭を使うことが「脳のアンチエイジング」になるからです。

いうまでもなく、脳だって歳をとります。ひょっとすると、もっとも顕著に実感するのは脳の老化かもしれません。

一般に老化を感じるのはどういうときかというと、第一にあげられるのは「老眼」で、「物忘れがひどくなった」というのはそれに次いで老化を実感するポイントなのです。知っている人の名前がなかなか出てこなかったり、すぐ目の前にある物を指さして「あれ、それ」としかいえなかったり……。あるいは、記憶力がめっきり落ちて、待ち合わせの時間や場所が覚えられなくなるなど、脳の老化はさまざまな場面で実感されます。実際、私のクリニックで脳ドックを受診する患者さんの九割は、「物忘れがひどくなり心配だから」という理由でやってくるのです。

「歳をとれば、脳の老化は当たり前」とあきらめないでください。脳を鍛えれば鍛えただけ、神経細胞も増えていくのです。

学生時代には何かを暗記することも多く、脳を鍛える機会も豊富でした。しかし、社会人になってしまうと、自分で意識しないかぎり脳を鍛えるチャンスは減ります。そうやって脳を甘やかしてばかりいると、脳の老化は加速してしまいます。

余談になりますが、二〇〇六年に円周率を記憶する世界記録を更新した日本人がいるのをご存じでしょうか。

原口證《あきら》という方で、十六時間三十分かけて一〇万桁の暗唱に成功したのです。想像してみてください。十六時間以上、ランダムに並んだ数字をひたすら暗唱していくのです。ものすごい能力だと思いませんか。しかし、さらに驚かされたのは記録を更新したとき、原口さんが六十歳だったという事実です。

記憶力の世界記録更新といえば、十代の若者のことだと思った人もいるでしょう。しかし、原口さんは日常的に脳の訓練を怠らず、脳のもつ能力をどんどん引き出した結果、老化するどころか、脳が若返っているのです。

そんな話を聞くと、**中高年の方々が「最近歳をとって、物覚えが悪くて」というのは、年齢のせいではなく、鍛錬不足といわざるを得ません。**

脳を鍛錬し、アンチエイジングに役立てるにはゴルフはぴったりのスポーツです。戦略性に富み、歩きながら脳を活性化する機会にも恵まれているからです。どうせプレーするなら、「考えるゴルフ」でさらに若返ってみてはいかがでしょうか。

プレー中にメモをつけ、一打一打を記憶しよう

脳を鍛えるなら、記憶のトレーニングがいちばんです。物忘れがひどいのは、脳のメカニズムを理解せず、きちんとしたトレーニングも積んでいないからです。

そこでゴルフを利用して、記憶のトレーニングをしてみましょう。

そもそもアマチュアゴルファーの人たちは、嫌々ゴルフをしているわけではありません。友人たちとゴルフ談義に花を咲かせることも多いはずです。その習慣をそのまま活かして、脳のアンチエイジングに役立てようというわけです。

ゴルフで記憶力を鍛えるなら、すべてのショット、パットを覚えるのが最適です。仲間内でゴルフへ行くと、ラウンド終了後に「あのときのショットはすごかった」「あのパットはよく入ったな」などと話すでしょう。

そのとき、非常によく覚えている人と記憶が曖昧な人がいます。あなたはどちらの部類でしょうか。それこそが脳年齢の差です。同年代のゴルフ仲間とプレーして、自分だけが老化しているのでは格好がつきません。ぜひ、脳のアンチエイジングに励んでください。

そこでまず、記録することからスタートです。

一打目を打ったとき、残り一八五ヤードで、バンカー横のフェアウェイだったとしたら、「残185・Bヨコ・F」とでも書いておけば十分です。もちろん書き方は自由ですから、自分なりに工夫すればいいと思います。

私もコースに出れば、すべてのショット、パットを記憶するようにしています。私の場合グリーン上では、「8SD」とか、「5FU」と書いています。解読できるでしょうか。

まず、数字はカップまでの距離（ヤード数）です。その次にあるSやFは、スライスライン（右に曲がるライン）、フックライン（左に曲がるライン）を示します。最後のDとUは、ダウン（カップに向かって下りライン）、アップ（カップに向かって上りライン）となっています。つまり、「8SD」とは、「カップまで八ヤード、スライスライン下り」という意味です。

このように記録しておくと、一つひとつの打球を後で明確に思い出すことができます。友人たちとラウンドを振り返るのに役立てるのはもちろんですが、**家に帰ったら、その日のラウンドを復習してください。**ゴルフ好きならば、これはなかなか楽しい作業です。いいショットも悪いショットもすべて思い出せば、楽しいだけでなく、今後にも活かせます。

そして何より、脳のアンチエイジングになります。

脳の仕組みについて、少し説明しておきましょう。

脳というのは覚えた情報を一時的に海馬《かいば》という場所で保存します。保存期間は約三週間で、それ以上の日数が経過すると海馬から情報はなくなってしまうそうです。しかし、海馬に情報が残っている状態のとき、もう一度その情報を取りだそうとすると、記憶は強化されて忘れにくくなります。

その日のラウンドについて、振り返ることをしなければ三週間後にはほとんど忘れてしまうでしょう。しかし、その日の夜にメモを見ながら頭の中で再現すれば、記憶は残り続けるはずです。

こうやって、脳を使い、記憶力を鍛えるトレーニングをしていると、脳はレベルアップしていきます。人間は一生のうちで数パーセントしか脳を使わないともいわれています。それほどまでに脳がもっている潜在能力は高いのです。どんなに使っても脳が飽和することはありません。どんどん使っていきましょう。

まして、ゴルフ好きにとって、ラウンドを振り返るのは楽しい作業です。そのうえ、ゴルフが上達し、脳のアンチエイジングにもなるのですから、ぜひとも実行すべきではないでしょうか。

家に帰ったら、その日のラウンドを復習する

いまでは私もラウンドを振り返るのが習慣になっていますが、ゴルフを始めた当初からやっていたわけではありません。やはり最初のころは、特別うまくいったショットやひどいトラブルショットについてのみ覚えている程度でした。一般的なアマチュアゴルファーなら、その程度のものではないでしょうか。

私がプレーを記憶することに目覚めたのは、ある名門コースをラウンドしたのがき

っかけでした。

二〇〇四年、私は米国カリフォルニア州のペブルビーチゴルフリンクスというコースでプレーする機会を得ました。ゴルフファンならご存じの方も多いでしょう。世界のゴルフ雑誌で人気ナンバー1と紹介され、全米オープンゴルフが何度も開催されている名コースです。最近では、タイガー・ウッズが優勝した二〇〇〇年全米オープンの舞台となったのがペブルビーチでした。

海沿いにつくられたコースデザインは見事なもので、難易度、景色、格式などすべてが最高の環境のなかでプレーできます。体に電流が流れるほど興奮したことをいまでも鮮明に覚えています。

この本を書いているのは二〇〇七年なので、もう三年前になりますが、ペブルビーチでのプレーは一打一打の運び方からパッティングラインのような細部にいたるまでしっかりと記憶しています。**何番ホールの何打目をどのクラブで、どのように打ったのかなども、完璧に思い描くことができます。**

ところが、それまでにプレーしたコースの内容はほとんど覚えていません。ドライバーで会心のショットを打ったのが、何番ホールだったかさえあやふやな状態です。

なぜ、そのような違いが起こるのでしょうか。

それは、米国で最古のゴルフ場の一つであるペブルビーチでのラウンドがあまりにも衝撃的で、その日のことを折に触れて思い出していたからでしょう。何度も思い出しては、イメージを呼び覚ます。この作業によって、記憶が強化されていたのです。

それから私はどんなコースでプレーしたときでも、すべてのショット、パットのメモをとり、家に帰ってからラウンドを振り返るようにしました。

その習慣によって記憶力が鍛えられたことも事実ですが、ゴルフをより楽しめるようになったのも収穫でした。

趣味を四つ以上もつと、認知症予防に効果的

ゴルフの一打一打を記憶するのは、将棋や囲碁の手を記憶していくのと似ていると思いませんか。

私は囲碁が大好きで、現在アマチュア六段、世界青少年囲碁大会に日本代表として出場したこともあります。長年、囲碁を打ってきた経験から、記憶という面でゴルフ

と囲碁には共通する部分があるように感じます。もちろん、将棋や囲碁も脳のアンチエイジングには非常に有効です。

将棋や囲碁のテレビ中継を見ていて、プロの記憶力のよさに驚かされることはありませんか。

囲碁の場合、プロが対局するタイトル戦ともなると一局あたり十八時間ほどかかります。それぞれに九時間ずつ持ち時間が与えられていて、たいていは時間をすべて使い切ります。それだけ長い対局のなかで打った手をすべて暗記しているのですから、すさまじい記憶力です。

しかし、驚嘆させられるのは囲碁を打っている本人たちだけではありません。解説者が「この手は、昭和三十三年に○○が打ったのと同じですね」などと、さらりというのを聞いていると、囲碁によってそうとう脳が鍛えられていることを感じます。

ちょっと話はそれますが、脳を使うのはダイエットにも最適なのです。

脳のエネルギー源となるのは糖分なので、頭を使えば使うほどたくさんの糖分が必要になります。実際、多くのプロ棋士が対局の途中、糖分を摂取するため、ケーキを食べることがよくあるそうです。対局のなかで、それだけ糖分を消費しているということです。

プロほど過酷な対局ではありませんが、私もアマチュアの囲碁大会に出て、二時間の対局を四局やることがあります。合計八時間の長丁場です。朝の八時から夕方六時ごろまでやるのですが、朝、昼、夜と食事を摂っても、三キロから四キロほどやせます。ほとんどずっと囲碁をしているので、実際に体を動かして消費しているカロリーはほとんどありませんが、それだけ脳が消費しているのです。

メタボリックシンドロームなど、中高年の男性を中心に肥満の問題が取りざたされている昨今こそ、積極的に頭を使うダイエットも悪くはないでしょう。

ところで、マイクロソフト社を創業したビル・ゲイツ氏が囲碁の愛好家だということをご存じですか。

囲碁の打ち方には大きく分けて二つのタイプがあります。一つは、手堅く陣地をかためていき、局地戦には弱いが、勝率は高いとされるタイプ。もう一つは、奔放な打ち方で大胆に一手で仕留めるようなところがあり、局地戦には強いが、勝率は低いとされるタイプ。さて、ビル・ゲイツ氏はどちらのタイプだと思いますか。

意外に感じるかもしれませんが、後者の局地戦には強いが勝率は低いとされるタイプです。

なぜこんなことを私が知っているかというと、実際にビル・ゲイツ氏と対局したことが何度もあるからです。私には以前、米国で三年間ほど病院勤務をしていた時期があります。当時の米国で囲碁がいちばん強かったのは、なんと私でした。そのため、囲碁好きの彼が私を指名して、囲碁を打つため何度も会いに来てくれたのです。

あの超多忙なビル・ゲイツ氏が囲碁という趣味をもっていることに、私は尊敬の念を覚えるとともに、ビル・ゲイツ氏の頭が切れる理由がわかったような気がしました。

ところで、ジョンズ・ホプキンス大学の研究論文に、四つ以上の趣味をもつと、認知症の予防に高い効果があると結論づけているものがあります。それだけいろいろなものに興味をもって違った刺激を受けることは、脳のアンチエイジングになるのです。

あなたはいくつ趣味をもっていますか。まず、一つはゴルフでしょう。それも、「若返るゴルフ」「百歳までできるゴルフ」です。

残り三つは何でもかまいませんが、健康で、頭を使う趣味を見つけてみてはいかがでしょうか。

普段の生活でもできる脳の鍛錬

話をゴルフに戻しましょう。

ロングホールやミドルホールで、二打目や三打目を打とうとするとき、残り何ヤードかを考えたことはありますか。その際、すぐキャディさんに尋ねたり、コース内の表示を見てしまうようでは、「考えるゴルフ」を実践するチャンスをみすみす逃しています。

そんなときには、まず自分でピンを見つめ、何ヤード残っているか判断してください。自分の目と脳を使って判断した後に、確認をするつもりでキャディさんに聞いてみるのです。

たとえば、自分ではピンまで一二〇ヤードだと判断したのに、キャディさんに尋ねたら、「一〇〇ヤード弱ですよ」と返ってくることもあるでしょう。

このやりとりで、距離感のトレーニングをするのです。日本のゴルフはヤード表示なので、慣れるまでに多少の時間はかかるでしょう。このトレーニングを通じて、自分は少し距離を長めに判断し過ぎる傾向がある、あるいは短めに判断し過ぎる傾向があるということがわかってきます。自分の傾向がわかれば、脳は学習して、今後に活かすようになります。じつに有効な脳のアンチエイジングです。

目測で距離を測るのは、ゴルフ場でなければできないというものではありません。この感覚を鍛えるトレーニングを日常生活に取り入れれば、それだけ脳を使う機会が増えます。

やり方はかんたんです。普段、道を歩いているときに、前方に見える電信柱まで何ヤードあるかを直感で判断します。立ち止まって一分も二分も考え込む必要はありません。瞬間的に「七〇ヤードだな」と思えばそれで十分です。

そして、実際に歩いて測ってみます。

ちなみに、一ヤードは九一・四四センチメートルです。私の場合、一歩が約一ヤードなので、七〇ヤードと判断した距離が五五歩だったら五五ヤードとなり、一五ヤード少なかったと考えます。

このトレーニングを繰り返していけば、着実に誤差は少なくなっていきます。日常生活のちょっとした努力で距離感を養うことができるのです。

私は学生時代、アメリカンフットボールでクォーターバックをやっていました。味方選手にボールを投げる役割です。そのとき、私が投げられる最長飛距離が四五ヤードだったので、いまでも四五ヤード以内については瞬間的に一ヤード単位で判断できます。それだけ距離感が鍛えられている証拠です。

電柱や街路樹を使ってのトレーニングも、最初は短い距離から始めるとよいでしょう。その後、徐々に長くしていくと一〇〇ヤードを超える距離感をもてるようになります。街中で一〇〇ヤードといえば、そうとうな距離になります。その長さを目測できるようになれば、脳がかなり鍛えられています。その感覚は必ずコース上でも役立つはずです。

プレッシャーを楽しめる人になれ！

ショットを打つときに考えなければならないのは、距離感だけではありません。

ゴルフコース内には高低差もあれば、風だって吹いています。バンカーや池があれば、そこを避けて、ターゲットを設定しなければなりません。

これらの要素はすべてコースを攻略するときの障害になります。しかし、脳のアンチエイジングの絶好のチャンスでもあります。

目測では残り一〇〇ヤードだが、ボールの位置よりもグリーンは五メートルほど高いところにある。それでいて風速三メートル程度の向かい風が吹いているとしたら、何ヤードくらい飛ばす感覚で打てばいいのでしょうか。

ちょっと頭が混乱しそうなくらいに、情報が増えてきました。ですが、処理しなければならない情報が増えれば増えるほど、脳神経細胞は活性化され、アンチエイジングの方向に働きます。

風に関しては、他のプレーヤーが打った打球も大いに参考にすべきです。その人が打った瞬間、「ちょっと大きいかな」と思ったのに、グリーン手前のバンカーに入ったとします。そういう場合、いつもより少し強めに打つことで対応しようとする。そんなアマチュアプレーヤーが多いはずです。ところがこのような場合、まずクラブの選択を変更して仮想の距離を長めに再設定するのが正解です。

私が参加する学会では、毎年一度ハワイでゴルフをするのですが、そこでは貿易風が激しく吹き荒れます。向かい風と追い風では、同じクラブの飛距離が一〇〇ヤード違うこともあります。そんな風を相手にするのは本当にやっかいです。しかし、そのぶん脳は大活躍です。

風が強く吹いていれば、脳が大活躍できる。

そんなふうに考えられる人はいいのですが、なかには「失敗したらどうしよう」とストレスに感じてしまう人もいます。このようにストレスには二種類あるのです。

風が強く吹いていたり、目の前に池が広がっているとき、「いやだなあ……」とネガティブなプレッシャーを感じる場合、それを「ディストレス」と呼びます。

一方、風が強く吹き荒れ、目の前に池が広がっているにもかかわらず、逆にやりがいを感じてポジティブに受けとめる場合、「ユーストレス」といいます。たとえば、イチロー選手と松坂投手が対戦するとき、お互いが強烈なプレッシャー、ストレスを感じているはずです。そのとき彼らが感じているような、ポジティブでわくわくするような感じがユーストレスです。

ゴルフ場では、ディストレスではなく、ユーストレスとして楽しめる余裕が欲しいものです。

なぜなら、私たちはさまざまな要素をゴルフ場に求めているからです。すばらしいフェアウェイやグリーンのほかに、きれいな池や海、毛足の長いラフ、林やバンカーなども、私たちが求めているものの一部です。だからこそ、ゴルフ場へ足を運ぶのです。何もない平坦な場所だったら、感動も少ないはずです。わざわざゴルフをやりになど行かないでしょう。

つまり、ユーストレスを楽しむために高いお金を払ってラウンドするのです。

どんなコースでも、漫然とゴルフをすればなんとなく一八ホールを終えることができるかもしれません。ですが、ひとたび「考えるゴルフ」をしようとすれば、脳が処理しなければならない問題は山積しています。それはゴルフの醍醐味《だいごみ》でもあります。**ゴルフコースを設計する側は、ゴルファーたちにいかに頭を使わせるかを考えています。**ちょうどいい場所に大木が植えてあったり、ちょうど気になる位置に池やバンカーが配置されているのはそのせいです。

私たちゴルファーは、コースという壮大なパズルに向かって、技術と頭脳で挑んでいるのです。そこにゴルフの楽しさがあります。

「考えるゴルフ」をしない人は、脳が若返るチャンスを失うばかりか、ゴルフの真の喜びに出会えないままホールアウトしてしまうのです。

ゴルフの楽しさを享受して、より脳をアンチエイジングするためには、できるだけいつもと違うゴルフ場でプレーすることも効果的です。どんどん新しいコースに脳を連れて行き、厳しい状況や見たことのないシーンを提供してやるといいでしょう。

また、ちょっと違う視点ですが、いつも同じメンバーでラウンドするのではなく、違うメンバーとゴルフへ行くのも、脳のアンチエイジングには有効でしょう。一般に、男性よりも女性のほうがソーシャルアクティビティが高く、社交的です。そして、その要素が女性の寿命の長さに貢献しているともいわれています。

もちろん、同じメンバーでゴルフを心から楽しむメリットもありますが、たまには違ったメンバーで、脳を活性化し、社交性を磨いてみてはいかがでしょうか。

パッティングは脳をフル活用するチャンス

「考えるゴルフ」もいよいよ佳境に入ってきました。次はパッティングについて考えてみましょう。

ゴルフのスコアメイクにおいて、パッティングほど重要なものはありません。ドライバーでさえ一八ホールすべてでは使いませんが、パターは必ず使います（チップイン、ホールインワンを除く）。それも一打ですめば上出来で、二打、三打とパッティングを繰り返すことも頻繁にあります。

つまり、パッティングを上達させれば、そのままスコアアップにつながります。さらに、パッティングは脳をフル活用できるチャンスでもあります。

多くのコースを経験していると、「ここのグリーンは速い」「よく切れる」などという声をよく耳にします。

事実、グリーンの状態はゴルフ場によって違いますし、整備の仕方、天候などにも大きく左右されます。たとえば、晴天続きなら、地面から水分が蒸発して固くなっています。そのとき、グリーンの芝を短く刈り込んだとしたら、ボールは非常に転がりやすくなります。いわゆる、速いグリーンです。プロがラウンドするようなゴルフ場では「ガラスのグリーン」と呼ばれ、ほんのちょっとパターを打っただけで一〇ヤード以上転がってしまうこともあります。

反対に、雨が降ってグリーンが水をたくさん含んでいるときには、ボールが転がりにくくなります。いわゆる重いグリーンです。春や夏など、植物の成長が早い時期には、芝も伸びやすく、重いグリーンになることもあります。

それだけグリーンの状態に違いがあるとはいえ、アマチュアゴルファーが「ここのグリーンは速い」などと表現するのに対して、私はちょっと疑問を感じています。

それは「どこのグリーンに対して、速いと感じているのか」という疑問です。漠然と速いとか、重いとかいうのは勝手ですが、本書でおすすめしている「考えるゴルフ」をするにあたって、そんな曖昧なことでは困ります。不明確で、感覚的な情報では、脳をフル活用することができません。私たちはもっときちんとしたデータを集め、徹底的に脳を使い、アンチエイジングなゴルフをしたいのです。

どうすればいいのでしょうか。

まず、「このグリーンは速い」というために、自分なりの基準をつくる必要があります。自分の基準をもっていれば、それと比較して、各ゴルフ場のグリーンを「速い」「重い」などと判断できるようになります。といって、基準をつくるために、ゴルフ場や練習場へ通う必要はありません。家のカーペットで十分です。

まず、三ヤードでも六ヤードでもかまわないので、一定の距離を定め、百発百中打てるように練習します。家のカーペットの上なら、完璧に六ヤード（あるいは三ヤードなど）打てるという状態になれば、それがあなたの基準となります。

実際にコースに出たら、家で六ヤードを打つ感覚でパッティングしてみます。そのとき四ヤードしか転がらなければ「三分の二程度しか転がらない重いグリーン」となり、八ヤード転がれば「約三割増しになる速いグリーン」ということがわかります。

それは、あくまでもあなた個人の感覚であって、他人にいう必要のないことです。毛足の長いカーペットで練習している人なら、どのグリーンでも速いと感じるでしょうし、フローリングで基準をつくっている人にとっては、どんなグリーンも重いでしょう。

テレビの解説者が「このグリーンは速い」というのはかまいませんが、アマチュアレベルであれば、グリーンの速さはあくまでも個人的主観によって違うものだと私は考えます。というより、個人的な基準をもって、独自にグリーンの速さを判断しなければ、まったく意味がないと感じます。

さすがにトーナメントプロは家のカーペットで練習してはいないでしょうが、やっていることは同じです。トーナメント前日の練習ホールでは、何度もパターを打って自分の基準との違いをチェックしています。

パッティングは感覚的なものと感じているゴルファーもいるかもしれませんが、その考え方では確実なスコアアップは望めず、脳のアンチエイジングにもなりません。私も以前はパッティングはフィーリングだと思っていましたが、考えを改めました。カンに頼る部分はありますが、まずはデータの分析が大切なのです。

確実なスコアアップと、脳のアンチエイジングのためにも、家でパターの距離感の基準をつくってみてください。

誰よりも早くグリーンに到着しよう

脳をアンチエイジングするには、よりたくさんの情報を収集することがポイントです。そして、よいパッティングをするには、グリーンの状態をできるだけ細かく把握することが必要です。

要するに、グリーンの状態を徹底的にチェックすることが大事なのです。そのためには誰よりも早くグリーンに到着することが必須となるでしょう。

もし、あなたより先に誰かがグリーン上にいて、ロングパットのラインを読んでいるとしたら、その周辺を歩き回ってグリーンをチェックすることはできません。ましてや、その人がパッティングをする準備（アドレス）に入ったら、周りの人は動いてはいけません。打つ人の視界に入ってもいけないのです。

その人のボールが自分のボールの延長線上にあって、転がり具合、曲がり方などをチェックしたいと思っても、目の前に立つことなど許されません。

グリーン上での情報収集は、他のプレイヤーが来るまでの時間を使うのが最適です。自由に歩き回り、自分のボールの状態、カップまでの距離、グリーンの固さ、傾斜に加え、他人のパッティングがどのように参考になるかなど徹底的にチェックできます。

しかし、カートに乗っていてはその時間は得られません。

みんなが一緒にグリーンに着くことになり、情報収集を行う時間的余裕など、まずないといっていいでしょう。

この状況では、ナイスパットの可能性を下げるばかりか、脳を使う機会さえ奪われてしまいます。

脳のアンチエイジングに努めたいなら、カートには絶対乗らない。そして、グリーン上には誰よりも早く着いて、他のメンバーが到着する前にメモは終わらせておくのです。

たとえば、ボールからカップまでを歩測して九ヤード、低い姿勢でグリーンの傾斜を確認して、上りのフックラインなら「9FU」と書いておきます。そして、パッティング時の自分の基準と照らし合わせて、どのくらい速いのかを考え、どの位置に向かって、どのくらいの強さで打つ必要があるのか、仮想のカップ（ターゲット）を設定しておきます。

ここまでの作業が終了したところに、他のメンバーがやってくれば、準備完了です。あとは他人が打つパットを見てボールの転がり具合を確かめながら、自分のデータを微調整していけば完璧です。

これこそが、スコアアップを図りながら、脳のアンチエイジングをするゴルフです。

人間の筋肉は下半身から退化していく

「若返るゴルフ」のためのスイングについて学び、「考えるゴルフ」について説明を続けてきましたが、最後にはもう一度、「カートに乗ってはいけない」というところに戻ってきました。

くどいようですが、カートに乗ることでゴルフのすばらしい恩恵をまったく受けられなくなってしまうのです。

ゴルフに限らず、人間が生きていくために、歩くという行為は非常に大切です。

人間の筋肉は下半身から退化していきます。

二十代と七十代の筋力を比較してみると、上半身は約三割程度の減少に留まっていますが、下半身は七割も減少します。臨床の現場でも、まったく歩くことのできない寝たきり老人が、ものすごい力で私たちの腕をつかむことがあります。それだけ、上半身の筋肉は保たれているのです。

だからこそ、積極的に下半身を鍛えるべきです。スポーツは全般的に下半身を使うことが多く、下半身がしっかりとできていることが必要条件といえます。

たとえば、卓球にしても卓球台の上で腕を振っているだけのように見えて、じつはかなりのフットワークを使っています。また、綱引きをやると、綱を持つ手のひらが痛くなりますが、筋力的に使っているのは下半身です。もし、上半身の力だけで綱引きをしようとしても、まず勝つことはできません。テレビ番組で、力士やレスラー、大柄な野球選手などが集まって、綱引きチームに挑戦するという企画がありましたが、体重、握力、腕力のすべてに勝るアスリートチームがかんたんに負けてしまいました。下半身の使い方が明らかに違っていたのです。

ゴルフにおいても「下半身リード」という言葉があります。スイングをするときに下半身から動かしていって、それに同調するように肩や腕を回していくという意味で、非常に大切な概念です。

その点、青木功プロのゴルフは例外といっていいでしょう。

青木プロのプレーを見ていると、ゴルフにはアートの部分もあると、感心させられます。彼のゴルフは、まさにその代表例で、アマチュアの私たちから見れば、理論や理屈を超えたところでプレーしているように思えます。微妙で、独特の感覚のなかで、プレーしているのでしょう。それはそれですばらしいことですが、私たちアマチュアゴルファーが目指すべきではありません。

体全体の老化をバランスよくマネジメントするならば、やはりしっかりと下半身を鍛えておくべきです。

青木プロのアートの要素やタイガー・ウッズのグレイトな部分をまねするのではな

く、私たちはアマチュアゴルファーとして、アンチエイジングをしながら、健康的でお気楽なゴルフを楽しみたいものです。

八十歳になっても九十歳になっても、いや百歳になっても、ゴルフを楽しみたいと思いませんか。

医者として、またアマチュアゴルファーの一人として、ゴルフを愛する多くの人に、そんなゴルフライフを送っていただきたいと願っています。

第4章

エイジング・マネジメントのすすめ

人間の体には五つの年齢がある

この本では、何度もアンチエイジングという言葉を使ってきました。アンチエイジングとは「抗加齢」という意味ですが、世間では美容分野に限定したものだという認識がいまなお根強く残っています。

たしかに、肌を若々しくしたり、しわをなくしたりするのも一つのアンチエイジングですが、それらはほんの一側面に過ぎません。

私たちアンチエイジングの専門医が訴えたいのは、見た目の若さを保つことに留まりません。内臓を含めた体全体をトータルで見据え、弱点を克服し、バランスよく加齢することの大切さを広めていきたいのです。

最近ではゲーム機でも脳年齢を判定できるものがあり、化粧品売り場では肌年齢を診断してくれるところもあります。それらの年齢も一つの目安としていただければよいと思いますが、二〇〇〇年ごろからはもう少し本格的なアンチエイジングドックが始まっています。端的にいえば、体の老化度を診断する科学的根拠のあるドックです。

このドックでは、**ホルモン年齢、筋肉年齢、神経年齢、血管年齢、骨年齢という五つの年齢を診断します。**五角形のチャート表で診断結果を確認でき、いびつな五角形になっていれば、特定の項目だけ老化が進んでいることがわかります。

五つの要素について、本書でもさまざまな場面で説明してきました。

ホルモンについては、成長ホルモンと男性ホルモンの話題に触れました。

アンチエイジングでは成長ホルモンを分泌しやすい生活をすることがいちばん大事で、「一日一回、体温を一度上げる」「食事をしてから寝るまでに四時間以上あける」ことを提案しました。

さらに、男性の更年期障害として、三十歳ごろから男性ホルモンが年に一%ずつ減少していく事実を紹介しました。

これらはホルモン年齢に大きく影響する話です。

ただし、体内で成長ホルモンを増やすということだけに注目するならば、「若返るゴルフ」や正しい生活習慣を行うというような内因性のアプローチのほかに、外から注射する外因性の方法もあります。いわゆるホルモン療法です。

これは非常に高価な医療で、三か月間で一〇〇〇万円程度の費用がかかります。アメリカはもちろん、日本の有名人にもホルモン療法を受けている方はたくさんいらっしゃいます。

ホルモン療法の基本は成長ホルモンを注射することで、その驚異的な効果は目を見張るほどです。注射をすればたしかに若返ります。

私はニューヨークの病院に勤めていたことがあり、こうした患者さんを八〇名ほど診療しましたが、三か月間で六十歳の人が三十歳に見えるほど効果がありました。見た目だけでなく、内臓も若くなり、極端にいえば閉経を迎えた女性でも妊娠した症例がありました。

しかし、ホルモン療法にはリスクもあります。

代表的なリスクは乳ガンで、発症率が約三割から四割上昇します。ほかにも、通称エコノミークラス症候群と呼ばれる静脈血栓塞栓症《じょうみゃくけっせんそくせんしょう》などがあり、ホルモン療法を行っているクリニックでは、これらの病気が発症しないように、患者さんのことをしっかりとフォローしていきます。

ここに挙げた二つのリスク以外は利点ばかりと考えられていたホルモン療法も、最近では利点よりもリスクのほうが大きいとされるようになってきました。外から成長ホルモンを注射することの是非はともかくとして、やはり自然に成長ホルモンを分泌する生き方をするほうが何倍も大切です。それこそが本当の若さというべきではないでしょうか。

ジムで鍛えた筋肉が役に立たない理由

続いて、筋肉年齢についても見ていきましょう。

筋肉を鍛えることはアンチエイジングにつながります。

ゴルフ場でカートに乗らず自分の足で歩くのも、体温を一度アップさせつつ、下半身の筋肉を鍛えるためです。筋肉は人体で最大の熱生産器官でもあるので、筋肉量が増えれば、さらに体温が上がりやすくなるという好循環が期待できます。

しかし、日本で一般的に行われている筋力トレーニングには、私は少し疑問を感じています。

ベンチプレスで一〇〇キロ上げることはたしかにすばらしいのですが、それだけでは筋肉の鍛え方に偏りが生じてくるのです。筋力トレーニングというと、腹筋三〇回、腕立て伏せ三〇回、スクワット五〇回、これを三セットという具合にやっている人が多いと思います。このトレーニング自体は決して悪いことではありません。筋肉は鍛えられるし、アンチエイジングにも効果があります。

ただし、これと同時に神経－筋肉系の筋肉もバランスよく鍛えないと、本当に使える筋肉とはいえません。

神経年齢とも関連してくるのですが、**神経－筋肉系の筋肉を鍛えるとは、脳が指令を出してから筋肉が反応するまでの速度を上げるトレーニングをするという意味です。**そもそも神経年齢とは、その速度を測定したものです。

具体的なトレーニング法をご紹介しましょう。

ベンチプレスなら四〇キロ程度の重さ（もっと軽くてもかまいません）を、渾身の力を振り絞って一気に上げるという練習です。下半身についていえば、一〇メートルから一五メートルくらいを全速力でダッシュします。これらを一日一回でもやれば、神経－筋肉系を鍛えられます。

私の知るかぎり、スポーツジムなどで行われる筋力トレーニングの多くは、見た目の筋肉を鍛えることに主眼が置かれ、神経－筋肉系がかなりおろそかにされているように思えてなりません。これでは使える筋肉にはならないのです。

たとえば、野球選手が時速一六〇キロの球をホームランするためには、パワーがもちろん必要です。それこそ、ベンチプレスを一五〇キロ持ち上げる力がいるかもしれません。

しかし、それだけでは不十分です。ボールが来たと確認してから、素早くバットを振るためには、神経－筋肉系が発達していなければ間に合わないのです。

バリー・ボンズのパワーを目指して、ジムで一般的な（偏った）トレーニングだけを積んでも、決してホームランバッターにはなれないのです。

アメリカのトレーニングコーチならば、通常の筋力アップに加え、必ず神経－筋肉系のトレーニングメニューも取り入れます。それだけバランスよく鍛えなければ、せっかくの筋力を最大限に利用することができないのです。

高齢者の交通事故が多いのはなぜか

神経年齢が加齢により上がると、物事を認知してから行動するまでの時間がかかるようになります。

高齢者ドライバーの場合、人が飛び出してきたのを見てから、ブレーキをかけるまでの時間が長くなるという話を聞いたことがあるでしょう。

ここで、人の顔や物を見てから、脳が知覚するまでの時間が毎年遅くなっているという説明を第2章で述べたことを思い出してください。ゴルフ場で「ファー」と聞こえた方向を向いてはいけないという話です。それだけ「何かを見て、理解する」という段階で、時間がかかるようになっています。

そして、脳は「人が飛び出してきた」ということを知ると、ブレーキを踏むように足に指令を出し、足の筋肉が反応してブレーキを踏みます。

これだけの行程にかかる時間を、二十歳代の人と六十五歳の人で比較したデータがあります。時速六〇キロで走っている場合、六十五歳の人は二十歳代の人が車を止めた位置から、さらに二〇〜三〇メートル進んでしまうそうです。

神経が加齢しているため、それだけ反応が遅れてしまうのです。

そのほか、高齢者は皮膚の温痛覚《おんつうかく》(温度や痛みを感じる感覚)が鈍くなります。実際、六十五歳以上で心筋梗塞《しんきんこうそく》にかかった人のなかには無自覚症状の人もいます。糖尿病の人はさらに神経伝達速度が遅いため、よりリスクが高まります。

高齢で糖尿病の既往歴のある患者さんは、特に虚血性心疾患《きょけつせいしんしっかん》に注意が必要です。たとえ無自覚症状でも、急変するケースは決してまれではないからです。

神経系の衰えを、自覚する例はほかにもあります。

身近な例では、おしっこが出にくくなるという症状です。自覚症状のある方も多いのではないでしょうか。**若いころは、トイレに行けばすぐにおしっこが出たのに、歳を重ねるごとに出にくくなったと感じませんか。**

おしっこが出るまでのメカニズムを説明すると、まず膀胱《ぼうこう》に尿が溜まると、その情報が脳へと伝えられます。この神経伝達速度が加齢とともに遅くなるのです。

そして、その情報により脳は、神経を介して膀胱括約筋《かつやくきん》に指令を出します。加齢により、このときの伝達速度も遅くなります。

膀胱から脳へ、そして脳から膀胱括約筋へという、神経を介した往復の伝達速度が遅くなることによって、おしっこが出るまでの時間が長くなるのです。

このように加齢とともに、神経伝達速度は遅くなる宿命にあります。ですが、神経ー筋肉系のトレーニングによって、鍛えることも可能です。腹筋やスクワットといった筋力トレーニングだけでなく、神経－筋肉系も鍛えることによって、エイジングをコントロールすることが可能となるのです。

ただし、軽めのベンチプレスを一気に上げるとか、一〇メートルダッシュをするのは、それなりに体を慣れさせてから始めるようにしてください。神経系を鍛えるために、そのほかの筋骨格系を痛めてしまっては本末転倒になってしまいます。

瞑想と深呼吸で副交感神経を優位にする

神経について、もう少し詳しく確認していきましょう。

もともと神経には体性神経系と自律神経系の二つがあることをご存じでしょうか。

これまで説明してきた一〇メートルダッシュとか、車のブレーキを踏むための神経はすべて体性神経系に属します。つまり、その人自身の意志によって動く神経のことです。

一方、心臓や胃腸の働き、汗をかくなどの生理現象は、自分の意志とは関係なく体が勝手に動かしています。これらの働きが自律神経系に含まれます。

体性神経系の鍛え方はすでにご紹介したので、ここでは自律神経系の鍛え方について考えてみます。といっても、体の中で勝手に機能している自律神経系をいったいどのように鍛えればいいのでしょうか。

そもそも、自律神経は交感神経と副交感神経に分けられます。かんたんにいえば、アドレナリンがいっぱい出て、活発に行動しているときは交感神経が優位となり、睡眠時や静かにリラックスしているときは副交感神経が優位になります。

自分の生活を振り返ってみてください。

睡眠時は別として、起きている時間のほとんどを交感神経優位で過ごしてはいませんか。朝起きて急いで朝食を食べ、電車に乗って会社へ行き、夜遅くまで忙しく働く。交感神経優位の時間の連続です。

しかし、心臓や胃腸など自律神経系の働きは、副交感神経優位のときに鍛えられます。鍛えるという表現より、整えるといったほうが正確でしょうか。どちらにしても、内臓の状態をよくして、アンチエイジングを図るならば、副交感神経優位の時間を意識的につくるべきです。

その代表はやはり質のよい睡眠です。睡眠については第1章でも詳しくご説明しました。睡眠の質を下げるアルコールは控えたほうがいいこと、九十分周期の睡眠サイクルを守ることなど、実践してほしいことばかりです。

ここでは睡眠とは別に、起きている状態で副交感神経を優位にする方法を探ってみましょう。

最適なのはヨガです。

経験したことのある人ならおわかりでしょうが、ヨガはゆっくりと呼吸をして、リラックスした状態で体を動かしていきます。言い換えれば、副交感神経優位の状態をキープしながら体を動かす希有《けう》なトレーニングです。ヨガをすることによって、自律神経系が整い、体によい影響を与えることは間違いありません。

しかし、現実的に考えて、誰もがヨガ教室に通うわけにはいかないでしょう。

そこで、おすすめしたいのが瞑想《めいそう》と深呼吸です。

パソコンに向かって仕事に入る前、運転をする前、オフィスのドアを開ける前など、ちょっとした合間に大きく深呼吸をして、瞑想します。時間が許せば一、二分瞑想するのがベストですが、ほんの十秒程度でもかまいません。気持ちを落ち着けて、目を閉じて、ゆっくり深呼吸をすれば、体がリラックスして副交感神経が優位に働きます。

車を運転する前、私は必ず三十秒から一分程度の瞑想をするようにしています。平常心で、安全な運転ができるように心がけているからですが、副交感神経を優位に働かせる効果ももちろんあります。

じつは、この手法はゴルフにも応用できます。

プレショットルーティーンという言葉を聞いたことがあるでしょうか。ショットを打つ前に必ず行う一連の動作のことです。

イチロー選手が打席に入ったとき、右手に持ったバットを立てて、ピッチャーのほうをじっと見つめますね。マリナーズに移籍した当時は「サムライ・スタイル」として話題にもなりました。あの行為も一種のプレショットルーティーンです。イチローほどわかりやすい動きではないので、具体的に説明するのはむずかしいのですが、タイガー・ウッズや片山晋呉《しんご》など、最近ではほとんどのプレーヤーが自分なりのプレショットルーティーンをもっています。

プレショットルーティーンの目的は、それまでのことをすべてリセットして平常心を取り戻し、集中力を高めるということにあります。前のホールでミスをしてトリプルボギーだったとしても、プレショットルーティーンをすれば、すっきりと気持ちを切り替えられます。

このプレショットルーティーンに代わるものとして、ぜひ瞑想と深呼吸を取り入れてほしいのです。

私はほとんどのショットの前に、目をつぶり瞑想するようにしています。さすがに、一番ホールのティーグラウンドで瞑想するのは、周囲の目もあるので控えますが、それ以外で人がいないところでは目を閉じて瞑想します。そうやって、副交感神経を優位に保ち、自律神経系を整えてから、一気に交感神経優位のスイングへと入っていきます。

瞑想するのがむずかしければ、深呼吸を三回するだけでも意味はあります。

ショットやパッティングの前に瞑想や深呼吸でリラックスして、副交感神経を優位にできれば、ミスを減らせるばかりでなく、心臓や胃腸を整え、アンチエイジングにも役立ちます。とてもかんたんなことなので、日常生活にもぜひ取り入れてほしい習慣です。

動脈硬化を起こしやすいリスク要因

続いては血管年齢です。

血管が老化していくということは、すなわち動脈硬化を起こすリスクが高まるということです。

血管をホースにたとえるとかんたんにイメージできるのではないでしょうか。買ってきたばかりの新しいホースは弾力性に富んでいます。そのため、折り曲げても、多少水圧が上がっても特に問題は起こりません。ところが、ホースもだんだんと古くなると、弾力性がなくなり、全体的に硬くなってきます。そこに高い水圧で水が流れたら、ホースがひび割れて、水が漏れてしまうでしょう。

これこそが老化した血管に起こる動脈硬化です。

動脈硬化を起こす一番目のリスクファクターは血圧です。

ホースの例でもわかるとおり、年齢とともに古くなった血管に高い圧力がかかるのは非常に危険な状態です。日本高血圧学会では、上の血圧（収縮期血圧）が一四〇m mHg以上、下の血圧（拡張期血圧）が九〇mmHg以上を高血圧としています。まず、この数値にひっかかる人は十分な注意が必要です。また、この数値には該当しなかったからといって安心はできません。

日本のメタボリックシンドロームの診断基準はもう少し厳しくて、血圧値だけをとれば上の血圧が一三〇mmHg以上、下の血圧が八五mmHg以上のいずれか、またはいずれも満たすものとなっています。

この本でも説明していますが、寒い時期は血管が収縮し、血圧が上がりやすくなります。そして、ショットやパッティングのときにはさらに血圧が上昇します。この二重のリスクが冬のゴルフにはつきまとうことを覚えておいてください。

だから特に冬場にゴルフをするときは、しっかりとしたケアが必要なのです。**冬場のゴルフ場での突然死を防ぐには、暖かい格好で十分な準備運動をして、体温を最低一度は上げておくことです。**

血圧の次に動脈硬化を起こすリスクとなるのはタバコです。

ゴルファーの中にも、タバコを吸っている人は、本当にたくさんいます。ティーグラウンドで前の組が打ち終わるのを待っているとき、パーティ全員がタバコをふかしていることさえあります。言い尽くされたことですが、タバコは百害あって一利なしです。

動脈硬化を起こすリスクファクターの一位が高血圧で、二位がタバコなのです。**これからドライバーショットを打つときに血圧が上がるのは確実であるにもかかわらず、タバコを吸っている。これでは、自ら動脈硬化を起こそうとしているようなものです。**

また、タバコに含まれるニコチンには神経節をブロックする作用もあります。かんたんにいえば、神経の働きを悪くします。アンチエイジングのために一〇メートルダッシュをして体性神経系を鍛えたり、瞑想や深呼吸で副交感神経を優位にして、心臓や胃腸などの自律神経系を整えようとしても、ニコチンに神経節をブロックされたのではまったく意味がありません。

アルコール同様、タバコも確実にエイジングを進めます。タバコを吸う人はそのリスクとしっかりと向き合い、いまから禁煙にトライしてください。

最後は骨年齢ですが、この部分については第2章の太陽を浴びて骨を強化するというところで詳しく説明しました。小魚など良質なカルシウムを摂取することももちろん大事ですが、太陽を浴びてビタミンDを活性化しなければカルシウムが吸収されず、骨の強化につながらないということはしっかりと覚えておいてください。

きちんとしたケアを半年程度続けることで、骨年齢は確実に改善します。骨粗鬆《こつそしょう》症《しょう》は女性の高齢者に多いので、特に女性は骨のケアを習慣づけるようにしてください。

バランスのよいエイジング・マネジメントが大事

アンチエイジングの観点からホルモン年齢、筋肉年齢、神経年齢、血管年齢、骨年齢についていてかんたんに説明しましたが、自分の体を隅々まで眺めてみて、あなたの年齢はどのくらいですか。

体の中にある五つの年齢が気になり始めたのではないでしょうか。実年齢とは別に、体の器官ごとに年齢を知ろうとするのはよい傾向です。ですが、一つひとつの年齢に一喜一憂するのではなく、どれだけバランスがとれているかという点にぜひ着目してほしいと思います。

さて、本書ではアンチエイジングという表現をこれまで主に使ってきましたが、いま世界ではアンチエイジングから、エイジング・マネジメントという考え方へと移行しようとしています。単純に加齢に対抗するのではなくて、自分の体をトータルで捉え、加齢をコントロールしていこうという発想です。

あなたの知り合いにも、週に二、三回ジムへ通って、ウェイトトレーニングをしたり、ルームランナーで走ったりしている人がいるでしょう。そんな人を見ると「若いな」と思うかもしれません。

たしかに、筋力トレーニングをすれば筋肉年齢は若返るでしょうし、走って体温が上がれば成長ホルモンの分泌量も増え、ホルモン年齢にもいい影響を与えます。じつに、アンチエイジングな取り組みです。

しかし、その人が太陽にまったくあたらない生活をしていれば、骨年齢が上がっているかもしれませんし、神経－筋肉系を鍛える努力をしていなければ神経年齢は上がっているかもしれません。骨が弱っていれば、ジムでトレーニングをしている最中にも股関節《こかんせつ》を骨折して、寝たきりになる可能性だってあります。

日本は世界に誇る長寿大国といわれていますが、六十五歳以上の寝たきり老人の数はアメリカの五倍もいるのです。日本の人口が約二分の一なのを考えると、かなり深刻な数値であることがわかります。

寝たきりの人が多いということは、心肺機能や血管は年齢相応の加齢かもしれませんが、骨が弱り、下半身の筋肉が衰えているために、歩くことができない高齢者がたくさんいるということです。体の中にある五つの年齢を五角形のチャートにしてみると、非常にいびつな形になっている状態です。

そんな状態で世界に胸を張れるでしょうか。実年齢だけを誇るのではなく、もっと体全体が健康であることを世界に誇示したいものです。

そのために必要なのが、バランスのとれたエイジング・マネジメントという考え方です。筋肉年齢、血管年齢など特定の器官だけに注目するのではなく、体全体を通して自らの老化度を知り、コントロールしていくことが大切なのです。

他人まかせで健康は守れない

世界的な水準に比べ、日本人はエイジング・マネジメントの意識が低いように、私は感じています。特に気になるのは、他人まかせの健康意識です。

もし、街頭インタビューで「健康に興味がありますか?」「老化に対する不安はありますか？」と尋ねたら、イエスと答える人がほとんどでしょう。

ところが、自分でエイジング・マネジメントをしようとはせず、何かと他人まかせにしてしまう人がとても多いのです。食事に関しては奥さんまかせ、病気になれば医者まかせという具合です。

もちろん、文化や風習、教育の違いもあるので、世界と日本の健康意識を単純に比較することはできません。

たとえば、アメリカは日本に比べて個人負担の医療費が非常に高く、抗生物質を何錠か処方してもらうのにも、数百ドルもかかることがあります。そのことは富裕層、貧困層すべての人が知っています。

もともとの医療費が高いので、病気やケガをしないように自らの健康を気遣う必要に迫られているのです。万が一、医者にかかったとしても、高い医療費を払ってどんな薬を処方されたのか、どんな治療を受けているのかをきちんと把握しようとします。たとえハーレムに住む貧困層の人でも、自分の病気や飲んでいる薬くらいはスラスラ答えます。

そして、アメリカは肥満、喫煙を含め、自らの健康管理に厳しい社会でもあります。

そのため富裕層になればなるほど、健康にお金を投資するのは当たり前と考え、自らのエイジング・マネジメントを行います。

日本の社長や重役たちはどうでしょうか。

もちろん例外はいますが、仕事に集中するあまり、健康、食事は奥さんまかせという人が圧倒的です。自分の体の中で、どの器官がどのくらい老化しているのかなどまったくおかまいなしで、飲んでいる薬の名前も知らない人がたくさんいます。奥さんが薬と水を用意しなければ、薬を飲むことを忘れる人さえいます。

健康管理に対する社会の厳しさでいえば、コンディションの悪さを自慢する風潮があるくらいですから、日本のレベルはそうとう低いといわざるを得ません。

本書で取り上げたゴルフシーンを思い浮かべるだけでも、いかにずさんな健康管理しかしていないかが露呈します。飲酒、喫煙、寝不足、準備運動不足など、スポーツをするときにあってはならないことばかりです。

私たち日本人も、もう少し健康について考え、エイジング・マネジメントをしていく必要があるのではないでしょうか。

自分の健康は自分で守るという意識をもってほしいものです。

米国では十年間で医療費が四〇%低下

ちょっと社会的な話になりますが、国も日本人の健康意識を高めようと躍起になっています。いまや厚生労働省がもっとも力を入れているのもアンチエイジングの分野です。

これは健康という側面よりも、財政的な理由が大きいでしょう。このまま高齢化が進んでいけば、国の医療費負担も増え、財政的に苦しくなる。その危機感から、病気になる前に健康に留意しようと呼びかけているのです。メタボリックシンドロームという言葉を浸透させ、注意を喚起しているのもそのためです。

国としては、病気の人がたくさんいるのに、医療費を抑えるという政策ばかりを推し進めるわけにはいきません。医療費を削減するには、それだけ病気になる人を少なくする必要があります。いま、国はどうにかして国民の健康意識を高め、病気になることを未然に防ごうとしているのです。

じつは、十数年前のアメリカでも似たような動きがありました。

一九九四年、アメリカでＤＳＨＥＡ法（Dietary Supplement Health and Education Act）という法律が成立しました。日本語に訳すと、栄養補助食品健康教育法となります。この法律の目的はいくつかありますが、一つの柱は、「サプリメント」と呼ばれる、薬と食品の中間に位置する商品の販売を認めたことです。

それまで、アメリカでは薬と食品という単純な区別しかありませんでした。つまり、病気になった人が医師から処方箋を出してもらって、初めて薬を飲むというスタイルしかなかったのです。

ですが、食品でありながら薬のような効き目のあるものの販売を認めることによって、病気になる前から健康に気を遣いましょうと国民に呼びかけたのです。

実際、ＤＳＨＥＡ法以降、アメリカ人の健康意識は高まったといわれています。その証拠に、十年間で医療費が四〇％も低下しているのです。

「日本一腰の低い医者」になりたい

私がアンチエイジングの専門医の資格を取ろうと思ったのも、予防医療の重要性を感じたからでした。

私が医者になったのは二十五歳のときです。日本では一般的な年齢ですが、個人的には少し早過ぎると感じています。

医者になってからどのような経路をたどるかは、人それぞれです。決まった科に留まって専門家になっていく人もいれば、いろいろな科を経験してから、専門分野を見つけていく人もいます。

私が選んだのは後者でした。ローテーションというシステムで、多くの科を経験するやり方です。それも私は、通常二年かけて研修するところを五年かけました。二年くらいでローテーションをしようとすると、だいたい各科に二、三か月しかいられません。それではどうしても見るだけで終わってしまうと思ったのです。

私は心臓の循環器系で一年、産婦人科で一年、脳外科二年、小児科一年、それ以外に眼科、透析、内分泌科、消化器内科にそれぞれ二か月間、勤務しました。もちろん、それでも十分とはいえないでしょう。

その後、私はアメリカへ渡り、救命救急センターで約一年、外科に二年在籍しました。私が勤務した救命救急センターは、ニューヨークのブロンクス地区にあり、そこは世界でももっとも危険な地域の一つです。それだけに、非常に価値のある体験と思っています。ほかにも、マラリアやエイズなどの感染症の勉強をするため、半年ほど、ジンバブエ、ボツワナ、南アフリカで研修した経験もあります。

そして、私は現在、最新鋭のＭＲＩ画像診断を専門とするクリニックの院長として働いていますが、それまでに幅広く学んできたことが、ここにきて大いに役立っています。特定の分野で権威になることはもちろんすばらしいことですが、私は体全体のことを理解したうえで、患者さんに向き合う医者になりたかったのです。

じつをいうと、私のようにたくさんの科を経験していると、どこへ行ってもつねに新米になってしまいますが、その環境を逆手にとって「日本一腰の低い医者」になろうと思っています。

また、アンチエイジング、予防医療という観点から見ても、特定の部位や器官、臓器を注視するのではなく、全身のことを理解する幅の広さが必要だと感じます。病気になった部位を治療するのではなく、体全体をバランスよくエイジング・マネジメントするのですから、広範な知識や経験が問われるのも当然です。

医者がレベルアップしていくことももちろん大切ですが、やはりそれ以上に、エイジング・マネジメントを実践していくには各個人が自分の体に真正面から向き合い、人生を自らプランニングしていく高い意識が必要ではないでしょうか。

「百歳までできるゴルフ」を目指そう

体全体をバランスよくエイジング・マネジメントする。この意識が徹底されると、本当の健康とはいったい何だろうかと考えさせられます。

いま、あなたは健康ですか？

この問いに「イエス」と答えた人も、「ノー」と答えた人も、いったい何を基準に判断しているのかをもう一度考えてみてください。健康というと、風邪で寝込んでいないとか、どこかをケガしていないなど、マイナス要因がない状態のことだと考えている人がいます。「健康＝病気でない」という認識です。

本当にそれでいいのでしょうか。本来、病気と健康というのは一本の線でくっきりと区別されるようなものではないはずです。境界線より上が病気で、下が健康というわけではありません。たとえば、空腹時の血糖値が一二六ミリグラム／デシリットルなら糖尿病と診断されますが、その一歩手前の一二五ミリグラム／デシリットルなら健康というわけではありません。ちなみに厚生労働省が発表しているメタボリックシンドロームの血糖値の基準値は一一〇ミリグラム／デシリットルです。

つまり、病気か病気でないかという境目は便宜的につくられたラインに過ぎず、ラインを超えていなければ健康というものではありません。

本当の健康とは、医者や行政に決められるのではなく、自分自身で決めなければならないものです。

私はできるだけ多くの人に「自分にとっての健康」について、じっくり考えてほしいと訴え続けています。そのときには、ぜひバランスのよいエイジング・マネジメントという考え方を取り入れてほしいとも思っています。

私はこの本で、「百歳までできるゴルフ」を目指そうと語ってきました。これも一つの健康のかたちだと思いませんか。

百歳になっても下半身が丈夫で、自分の足でゴルフ場を歩く。当然、ゴルフ場には起伏がありますから、ちょっとした登山のようなときもあります。百歳でそれができるというのは、たいしたものです。さらに、頭を使ってコースを攻略しなければなりませんから、脳も元気でなければゴルフはできません。

そして何より、ゴルフ場に出かけようと思うには、気力に満ちたメンタリティが不可欠です。男性の更年期障害のところでも触れましたが、何に対してもやる気を失っているようでは、ゴルフなどやれるはずがありません。

どうですか。「百歳ゴルフ」も、なかなか素敵な健康スタイルだと思いませんか。

あなたも自分自身の健康のあり方について、考えてみてください。

長寿村で知った意外な長寿の秘訣

アメリカのボルティモアに通称「長寿村」といわれる場所があります。

その名が示すとおり、百歳以上の人が一〇〇人から一五〇人程度集まっている小さな村です。私は休暇でゴルフに行く途中に通っただけなので、はっきりした人数は覚えていませんが、たしかそのくらいの規模の村だったと思います。

もともと、どのようにして集まったのか詳しい経緯はわかりませんが、老人ホームのような施設ではなく、普通の村として機能していました。村の中でお店を経営している人もいれば、事業をやっている社長もいます。

そこでまず驚かされたのは、住人たちが底抜けに明るいことでした。まったく知らない私を満面の笑みで迎え入れてくれて、しっかりとハグしてくれました。「よく来たね」「今日はどんなハッピーな一日だった?」などといいながら、みんなが大声で笑い、私に抱きついてくるのです。ちょっと圧倒されてしまうような明るさとポジティブなメンタリティでした。

その村の住人たちといろいろな話をしましたが、なかでも興味深かったのは、彼らが語った長寿の秘訣です。

長寿の秘訣、一番目はとにかくよく笑うことだそうです。彼らを見ていると、それは大いに納得できました。おもしろいから笑う、楽しいから笑うというよりも、笑うという行為そのものがコミュニケーションのベースとなっているような印象を受けました。笑っているうちに、楽しさ(おかしさ、おもしろさ)がどんどん増幅されていって、さらに大きく笑うという相乗効果もあったのでしょう。

そして、長寿の秘訣の二番目が、私がもっとも考えさせられた部分です。予想がつきますか。

それは「依存しないこと」でした。

彼ら、彼女らのなかには、夫や妻に先立たれた人たちもたくさんいます。百歳以上ですから、それも無理からぬことです。しかし、彼らは悲しみに浸り、力を落とすのではなく、独立して、明るく生きているのです。といって、パートナーのことを愛していないのではありません。むしろ、深く愛しています。先立たれたパートナーに対して、「一緒に生きてこられてよかった」「またどこかで会いましょう」というように、すっきりと気持ちを切り替えているのです。

日本人にはなかなかない感覚だと思いました。

八十歳を超えてから、妻に先立たれた日本人男性がどのような気持ちになるかを考えてみてください。その瞬間からがっくりと力が抜けて、生きる気力を失ってしまったとしても不思議ではありません。

しかし、長寿村の住人たちはまったく違いました。お互いに協力して生きていながらも、依存することなく、自由に強く生きています。それがいいとか、悪いという話ではありませんが、そこに一つの健康のかたちがあったことはたしかだと思います。

もう一つ、すばらしいエイジング・マネジメントの例をご紹介しましょう。

「百歳までできるゴルフ」。このテーマのモデルとなった人物といっても過言ではありません。私が一緒にラウンドした最高齢の男性で、サンフランシスコで出会った八十六歳の元整形外科医の先生です。

この人のプレーときたら、八十六歳という年齢のイメージを根底から覆すようなものでした。三十代の私に引けを取らないほどの健脚で、ドライバーの飛距離も二三〇ヤードくらいは軽く飛ばしていました。筋力トレーニングもしていて、あの年齢で腹筋が割れていたのですから、驚きです。

しかし、私がもっとも感銘を受けたのは、彼とのラウンドではなく、彼と奥さんのライフスタイルでした。

奥さんは一つ下の八十五歳ですが、二人とも六十歳くらいにしか見えないほどの若々しさです。それもそのはずで、彼らの生活はエイジング・マネジメントが完璧でした。

ご主人は週に二、三回ゴルフをして、奥さんは毎朝四十五分ほど海岸を散歩します。

夕食は六時ごろにすませて、その後二人で手をつないで散歩に出かけます。散歩の後にはゆっくりお風呂に入って、毎日セックスをして、空腹の状態で寝るのだそうです。まさに、成長ホルモンを分泌させる理想のライフスタイルです。

私はエイジング・マネジメントをするうえでのヒントが、この夫婦のライフスタイルにあると思いました。


長寿村の人たちやカリフォルニアのご夫婦を見ていると、健康とはいったい何だろうとつくづく考えさせられます。少なくとも健康というのは、単に体に異常がないことではなく、もっと精神的に満たされている状態のように思えてなりません。

エイジング・マネジメントというのは非常に奥の深い言葉です。ただ若くありたいというのではなく、どのように歳をとっていくのかという、いわば人生観の要素をも含んでいます。

この本では「成長ホルモンを分泌させる」「一日一回、体温を一度上げる」など、さまざまなノウハウをお伝えしてきました。ゴルフシーンでは、前夜・当日にアルコールを飲まないとか、カートに乗らない、頭を使った「考えるゴルフ」を展開するなど、数々のメッセージを発してきました。どれをとっても非常に大切で、価値のある習慣です。

ここで、それらの習慣が何のために必要なのか、どうして大事なのかという部分をしっかりと確認したいと思います。

やはり、その答えはエイジング・マネジメントにあるのではないでしょうか。自らが考える真の健康のためと言い換えてもかまいません。

あなたはどのように歳をとっていこうと考えていますか。

そのプランこそがエイジング・マネジメントの基本となります。エイジング・マネジメントをして、どのような人生を送っていくのか。この本がそのことについて考えるきっかけになれば、こんなにすばらしいことはありません。

エイジング・マネジメントとは、人生をマネジメントしていくことでもあります。

あなたにとって、健康とは何でしょうか。そして、その健康を手に入れて、どのような人生を送っていきたいと思いますか。

どんな人にでも平等に時は流れ、エイジングは進んでいきます。ですが、自らのエイジングは自分の力でマネジメントできるのです。

今日からでも遅くはありません。エイジングも、人生もしっかりとマネジメントしていってください。

おわりに

二〇〇七年、日本のゴルフ界を席巻《せっけん》した出来事といえば「ハニカミ王子」の活躍ではないでしょうか。十五歳（当時）の石川遼選手が「マンシングウェアオープンＫＳＢカップ」という日本ツアーで史上最年少優勝を果たしました。

男子ゴルフ界にも、ついに期待の新星が誕生したといっては言い過ぎでしょうか。マスコミの報道はやや加熱し過ぎの感もありますが、私もゴルフファンの一人として石川遼選手の今後の活躍には大いに期待しています。

しかし、「若返るゴルフ」「百歳までできるゴルフ」を提唱してきた私にとって、「ハニカミ王子」以上に胸を熱くさせられるゴルファーがいます。

自らを「中年のアイドル」と称する中嶋常幸プロです。

二〇〇六年、中嶋プロは四年ぶりに日本のレギュラーツアーで優勝を果たしました。五十二歳と二十三日という史上三番目の高齢で「三井住友ＶＩＳＡ太平洋マスターズ」に勝利したのです。

「中嶋常幸ほどのトッププロの一勝が、それほどセンセーショナルな出来事か」と首をかしげる人もいるかもしれません。

しかし、私はこの一勝にゴルフというスポーツのおもしろさ、奥深さを感じずにはいられないのです。

中嶋プロが優勝したこの大会には四十代の選手は一人も参加していません。五十二歳である中嶋プロはもちろん最年長です。しかも、この大会の最終日を迎えた段階で、中嶋プロはトップと六打差。誤解を恐れずにいえば、優勝から何年も遠ざかっている年配ゴルファーが優勝を狙うにはそうとう困難なポジションです。

しかし、中嶋プロは7バーディ・ノーボギーで最終日を終え、見事に逆転優勝を果たしました。

中年のアイドル面目躍如というところです。

十五歳の少年が活躍するかと思えば、五十二歳の中年が復活を遂げる。

つくづくゴルフとは本当におもしろいスポーツだと感じ入ります。それだけ幅広い年代の人たちに親しまれているということでしょう。

もちろん、私たちのようなアマチュアゴルファーが、中嶋プロのようなプレーを目指すというわけではありません。五十歳を過ぎて、ドライバーで軽く三〇〇ヤードを飛ばすような人をまねては、それこそ背骨を痛めてしまいます。

しかし、中嶋プロも自らのゴルフスタイルを見つめ直し、エイジングをマネジメントしたという点では、私たちと共通する部分があるのではないでしょうか。

いまから三十年ほど前、中嶋常幸という天才少年の出現が大きな話題になったものです。父親のスパルタ教育でジュニア時代から頭角を現し、「群馬県の桐生に中嶋あり」と大評判になりました。一九七二年、全日本パブリックアマチュアゴルフ選手権に十八歳という最年少記録で優勝、翌年には日本アマのチャンピオンに。その実績でプロテストの受験資格を獲得するや、見事一発で合格。見る人を感動させる美しいフォームで鮮やかなプレーを展開し、二十三歳で世界のメジャー大会である「マスターズ」に出場。八〇年代には四度、日本ツアー賞金王に輝いています。

しかし、その後は順風満帆というわけではありませんでした。

九〇年代には長いスランプに陥り、「トミー（中嶋プロの愛称）は終わった」ともいわれました。パターは手が震えて打てない。ショットは曲がる。飛ばない。木のヘッドからチタンなど新しい素材のクラブの時代になり、昔からのフィーリングでプレーできない。引退を考えたこともあったそうです。

そんなどん底から復活した中嶋プロのゴルフを見ていると、中嶋常幸という人の人生そのものに触れているような気持ちになります。

中嶋プロはいかにして復活を果たしたのでしょうか。

中嶋プロは雑誌のインタビューに答えてこんなことをいっています。

「四十歳を超えて猛練習したら、ダメージが次の日に残る。人の半分の量で、倍の効果を出す。量より質だね」

肉体の衰えをカバーするため、毎日最低二時間、自ら考案した一〇種類以上のトレーニングに励みました。四十代まで鍛えたことのなかった細かな筋肉に負荷をかけ、関節の柔軟性と強度を高めたそうです。その内容は明らかにされてはいませんが、「姿勢を正して、大またで元気よく歩くだけでもトレーニングになる。関節の可動範囲を広げることによって、スイングに大きな芯ができた」という言葉から、本書で述べてきた「背骨でゴルフをする大切さ」を中嶋プロも実感していると推察されます。

もう一つ、精神面の変化も見逃せません。スランプの最中、師である父親を亡くすという不幸もありました。そのとき「自分が親不孝だった」ことをつきつけられ、スランプに拍車がかかったそうです。そんな時期に、テレビで難病に苦しむ小学生が「人間は生きているだけで尊い」というのをたまたま耳にしたそうです。

「その言葉を聞いた瞬間、何を悩んでいるのだろうって。好きなゴルフが、ギャラリーの前でできて。スランプまで味わえて、こんな状況でもまだゴルフができて幸せじゃないか。これをとことん味わおう」

中嶋プロはこうインタビューに答えていました。

「人生は長い旅のようなものだ」という言葉を聞いたことがありますが、ときにゴルフも人生を彷彿《ほうふつ》とさせます。

これから向かうべきコースを眺め、どのように攻略していくかを考える。自分が向かうべき方向を決めたら、ターゲットに向かってボールを打ち、自分の足で歩いていく。うまくいくこともあれば、失敗することもある。突然風向きが変わって、とんでもない方向へ流されることもある。

まさに、人生そのものではないでしょうか。

どんな人生を歩むにしても、変わらずに大切なものがあると私は思っています。それは長く、楽しむということです。人生を生きるなら、あるいはゴルフをプレーするなら、ぜひとも心身ともに健康な状態で、長く楽しんでいただきたいと思います。中年のアイドル・中嶋常幸プロはそんなことを私たちに教えてくれたような気がします。

私はゴルフを愛する者として、ゴルフを通じてアンチエイジングが提案できたこと、エイジング・マネジメントの大切さを訴えられたことを本当に幸せに思います。それもひとえにご協力くださったみなさまのおかげだと感謝しております。

この本を執筆するにあたり、本当に多くの方々に多大なるご協力をいただきました。この場を借りて、お礼を申し上げたいと思います。

最後に、この本を最後まで読んでいただいた読者のみなさまにも心からお礼を申し上げます。この先、どこかのゴルフ場でお会いすることができれば、こんなにすばらしいことはありません。そのときには、ぜひ完璧なエイジング・マネジメントをして、見事なまでに「若返るゴルフ」を披露してください。

齋藤真嗣

齋藤 真嗣（さいとう・まさし）
メディカルスキャニング溜池山王クリニック院長。1972年生まれ。最新鋭のＭＲＩ画像診断を専門とする医師として、年間５万症例以上の画像診断を行いつつ、日米欧のアンチエイジング専門医・認定医の資格をもつ、自称「日本一腰の低い医者」。南アフリカ、ボツワナ、ジンバブエ等で、２万人以上の患者と握手。一介の医者ながら、なぜかビル・ゲイツ、ビル・クリントン、ベッカム、アレックス・ロドリゲスらと親交のある、不思議な縁の持ち主である。

ゴルフで老いる人、若返る人

2007年９月15日 初版発行
2007年10月20日 第３刷発行

著　者　齋藤真嗣
発行人　植木宣隆
発行所　株式会社 サンマーク出版
東京都新宿区高田馬場2－16－11
(電)03－5272－3166
印　刷　中央精版印刷株式会社
製　本　株式会社若林製本工場

ISBN978-4-7631-9762-7 C0030
ホームページ　http://www.sunmark.co.jp
携帯サイト　http://www.sunmark.jp